KB183072

신비한
지식 박물관

– 문화 –

어 린 이 를 위 한 새 로 운 문 화 교 양 서

글 김일옥·지식나무교사모임 | 그림 불곰

그린애플

차례

등장인물
용용이
용(龍) 박물관의 관장인 청룡. 상상 속의 동물인 용은 사람들이 존재를 믿어 줘야만 생명을 얻을 수 있는데, 점점 잊혀져 가는 것 같아 속상하다. 오랜만의 손님인 시은이를 격하게 환영한다.

드레이크
시은이의 십자가 목걸이를 빼앗거나,
하인으로 부려 먹겠다며 납치하려 드는
사악한 드래곤. 이전 하인인 팅커벨에
게 정당한 보수를 지불하지 않았다.

시은이
편견 없이 건강한 마음을 가진 초등학생. 집으로 돌아가던 길에 어쩌다 보니 손님을 기다리고 있던 용용이와 마주치고, 놀라운 사건들에 휘말린다.
BUS
동주
시은이 친구. 돌아가신 할아버지의 제사와 관련된 이야기를 나누다가 시은이와 싸운다.

龍博官舍
팅커벨
노동의 대가를 받기 위해 드레이크를 쫓아다니는 땜장이 요정. 도도한 성격이지만, 감사 인사는 확실히 한다. 드레이크를 환상계의 재판대에 세우고 싶어 한다.
조연벽
김제 조씨의 시조. 고려 시대 장군으로, 사악한 드래곤과 맞서 싸운다.

프롤로그

1232년, 몽골의 침입으로 고려는 쑥대밭이 되었다. 왕은 급히 강화로 피난을 떠났지만, 조연벽 장군은 몽골군의 남하를 막기 위해 병사들과 함께 용인으로 올라가고 있었다.

용인으로 향하는 내내, 조 장군은 밤늦도록 잠들 수 없었다. 이제껏 단 한 번의 패배도 없었던 몽골군이 지나간 자리에는 개미 한 마리 남아 있지 않다고 했다. 무자비하고 흉악한, 지상 최강의 군대가 틀림없었다. 병사들 앞에서는 의연한 척했지만, 사실 조 장군은 몽골군과 어떻게 맞서 싸울지 막막한 터였다.

'병사들을 죽음으로 내몰고 있는 건 아닐까? 얼마 되지도

않는 병사들로 어떻게 몽골군을 막아 낸단 말인가?'

그렇다고 승려인 김윤후가 처인성을 지키고 있다는 소식을 못 들은 척할 수는 없었다. 미처 피난 가지 못한 백성들을 지키기 위해 승려가 무기를 잡았다는 소식을 들었을 때, 조 장군은 몹시도 부끄러웠다.

'나라가 돌보지 못한 백성들이 스스로 일어섰구나.'

도망갈 길이 막힌 처인성에서 여전히 몽골군과 외롭게 전투 중일 김윤후와 백성들을 내버려둘 수는 없는 노릇이었다.

그날도 한참 잠들지 못하고 뒤척거리던 조 장군의 입에서는 자기도 모르게 한숨이 흘러나왔다.

"후유."

그때 누군가 부르는 소리가 들렸다.

"장군."

조 장군은 화들짝 놀랐다. 자신의 한숨 소리를 들은 자가 있다고 생각하니 대장군으로서 부끄러웠다.

"누구냐?"

대답 대신 막사 안을 비추던 작은 등불이 훅 소리와 함께 갑자기 꺼졌다. 어둠에 잠긴 막사 안에 갑자기 자욱한 안개가 피어올랐다. 조 장군은 벌떡 일어나 주변을 둘러보았다. 그때 다시 한번 누군가의 나지막한 목소리가 들렸다.

"장군."

등 뒤에는 식은땀이 흘렀지만, 조 장군은 침착하게 칼을 뽑아 들었다.

"칼을 거두시오. 나는 적이 아니외다."

어둠 속에서 누군가 걸어 나오며 말했다. 어둠에 익숙해지자 안개 속에 서 있는 노인 한 명이 보였다. 긴 도포 자락을 휘날리며 우뚝 서 있는 모습이 범상치 않았다. 길고 흰 머리와 수염 사이 눈빛이 번득였다.

"나는 장군의 고향인 김제 벽골제에서 왔소이다. 벽골제를 터전으로 삼아 그곳에서 오랫동안 살아온 청룡이외다."

사람이 아니라 청룡이라고? 믿을 수 없는 말을 들은 조 장군은 자신이 꿈을 꾸고 있다고 생각했다. 꿈이 아니라면, 몽골군과의 전투에 대한 시름이 깊다 보니 마음이 헛헛해져서 헛것이 보이는 것일지도 몰랐다.

“내가 찾아온 것은 장군께 긴히 부탁드릴 일이 생겼기 때문이오.”

조 장군은 간신히 침착함을 유지하며 노인의 말에 귀를 기울였다.

“몽골과의 전쟁으로 나라 분위기가 뒤숭숭해지자 변산에 살고 있던 백룡이 갑자기 벽골제에 쳐들어와 행패를 부리기 시작했소. 아마도 벽골제를 탐내어 제 것으로 삼으려는 수작이겠지.”

그러면서 늙은 청룡 자신은 젊은 백룡과 싸우기가 힘에 부친다고 토로했다. 들을수록 해괴한 말이었다.

“우리 청룡은 과거 삼국 시대부터 대대로 벽골제에 살아왔소. 날이 가물 때는 물을 보내 주고, 비가 많이 올 때는 물을 담아 두었지. 김제 사람들은 그간 우리 청룡과 관계가 좋지 않았소이까?”

벽골제 덕에 너른 김제 평야에서 곡식들이 잘 자라는 건 사실이었다.

“백룡에게 우리들의 터전을 내줄 수는 없는 일이외다. 그러니 내일 백룡과 내가 맞붙을 때, 장군께서 나를 좀 도와주시겠소?"

조 장군은 힘없이 고개를 저었다.

"용들의 싸움에 한낱 인간인 내가 무슨 힘을 보탤 수 있단 말이오?"

청룡은 허허 웃어 보였다.

"그대는 강한 적 앞에서도 물러서지 않는 용기에 더해 적중률이 아주 높은 강력한 화살까지 가지고 있지 않소?"

조연벽 장군은 등에 늘 메고 다니는 화살통을 힐끗 바라보았다.

"백룡만 물리쳐 준다면, 내 그대의 은혜는 결코 잊지 않겠소. 우리 청룡이 자자손손 김제 조씨의 후손들을 잊지 않고 살펴 드리겠노라 약속하리다."

조 장군은 자기 터전을 지키고자 하는 늙은 청룡이 남 같지 않았다. 고려의 수많은 백성도 삶의 터전을 지키기 위해 용감하게 일어서지 않았는가? 지상 최강이라는 무서운 몽골군에게 대항해 말이다. 지금 고려는 이기기 위해서가 아니라, 지키기 위해 싸우고 있었다. 조연벽 장군은 마음을 다잡고, 주먹을 불끈 쥐며 답했다.

"내가 어찌 그대와 고향 사람들을 외면하겠소? 걱정 마시오. 힘껏 도우리다."

노인장은 이 대답에 미소를 짓더니, 서서히 사라졌다. 막사 안을 휘감고 있던 안개도 서서히 흩어졌다. 등불의 불빛이 다시 반짝이며 어둠을 밝혔다. 번뜩 정신이 든 조 장군은 한바탕 꿈을 꾼 듯했다.

다음 날, 조 장군은 용인으로 가는 걸음을 잠시 멈추고 하늘을 바라보았다. 날씨가 심상치 않았다. 갑자기 먹구름이 몰려오더니 우르르 쾅쾅 천둥 번개와 함께 거센 비가 쏟아졌다.

"장군님, 비가 너무 쏟아집니다. 막사를 마련하였으니 잠시 안으로 들어가 비를 피하십시오."

한 병사가 다가와 말을 건넸지만, 조 장군은 높은 바위 위에 서서 하늘만 바라볼 뿐이었다. 하늘에는 먹구름이 가득했다. 심상치 않게 피어오르는 먹구름에서 눈을 뗄 수 없었다. 병사들도 하늘을 보고 수군거렸다.

“와, 저것 좀 봐! 용오름이다.”

“굉장한데?”

커다란 두 개의 회오리 구름이 멀리서 피어오르더니, 거센 기세로 합쳐지고 있었다. 구름 사이에서 번쩍 번개가 치고, ‘치치치칙’ 하는 마찰음도 들려왔다. 번쩍이는 빛에는 푸른 빛과 흰빛이 섞여 있었다.

조 장군은 활시위에 화살을 걸었다. 천천히 심호흡하며 마음속으로 숫자를 세었다. 셋, 둘, 하나!

파아앙!

굉음을 내며 화살이 회오리 구름 속 흰빛을 향해 날아갔다. 화살이 회오리 구름 속으로 사라진 순간 엄청난 소리가 천지를 울렸다.

우르렁 꽝!

천둥소리가 어찌나 요란한지 귀가 먹먹해졌다. 일부 병사는 두 손으로 귀를 막고 주저앉았다. 격렬하게 맞붙던 두 개의 회오리 구름 중 하나는 도망치듯 사라지고, 온전히 모습을 유지하던 또 다른 회오리 구름은 곧 긴 꼬리를 남기며 사라졌다. 회오리 구름이 사라지자 주변에 남아 있던 구름 사이로 언뜻 푸른빛이 보였다.

"맞혔구나!"

조 장군을 그제야 굳은 얼굴을 풀고 미소를 지었다. 마음속에 웅장한 기세가 차올랐다. 못된 백룡도 잡았는데, 그깟 몽골 장군 하나 못 잡을쏘냐! 몽골군에 대한 두려움은 온데간데없이 사라졌다. 조 장군은 한 손을 높이 치켜올리며 이렇게 외쳤다.

"가자! 우리는 용인 처인성으로 간다. 그곳의 백성들을 구하자! 고려를 침략한 몽골군을 무찌르자!"

덩달아 마음이 웅장해진 고려의 병사들도 커다란 함성으로 응답했다.

"우리 땅은 우리가 지킨다!"

1232년, 처인성으로 몽골군이 몰려들었다. 길목에서 매복한 채 몽골군을 기다리던 승장 김윤후는 몽골 장수 살리타에게 화살을 날렸다. 날아간 화살은 살리타를 쓰러뜨렸고, 적장을 잃은 몽골군은 당황하여 북쪽으로 달아났다. 조연벽 장군도 합세하여 달아나는 몽골군을 뒤쫓았다. 처인성 전투의 승리로 인하여 몽골군은 더 이상 남쪽으로 내려오지 못했고, 남쪽 지방은 전쟁의 피해를 크게 줄일 수 있게 되었다. 몽골의 2차 침입 때 일어난 일이었다.

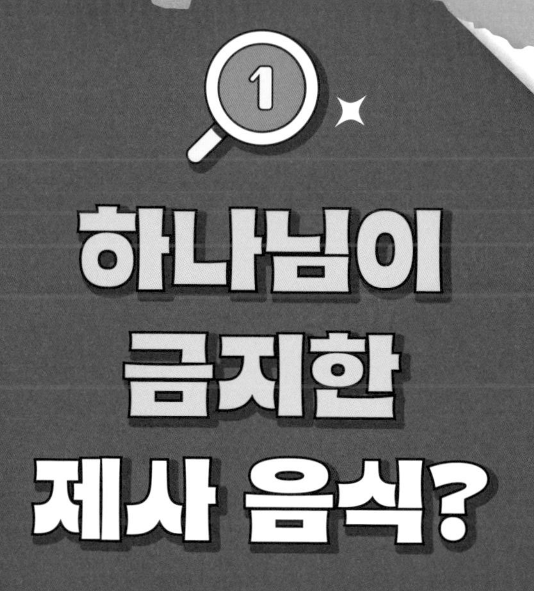

1

하나님이 금지한 제사 음식?

제 1 관

고대 문화관

문화별로 다른 아름다움

동주네 할머니가 현관문을 열어 주었다.

"어서 오너라. 동주 친구구나?"

시은이는 공손히 인사했다.

"안녕하세요."

인사하자마자 동주는 시은이를 냉큼 자기 방으로 데리고 들어갔다.

"우리 뭐 하고 놀까?"

시은이가 동주의 방을 둘러보며 대꾸했다.

"아무거나."

그런데 동주 방문 위에 이상한 종이가 하나 붙어 있었다.

저게 뭐야?
부적.
처음 봐?
귀신 쫓는 부적?
이게 효과가 있어?

동주는 어깨만 으쓱했다.

“나야 모르지. 나쁜 기운을 몰아내고 복을 가져다준다고 할머니가 붙인 거니까.”

21세기에 그런 걸 믿는 사람이 있다니, 시은이에게는 엄청난 **문화** 충격이었다. 한편, 말끝에 무언가 깨달은 듯 책상 서랍을 뒤적이던 동주는 금세 노란 카드 뭉치를 하나 꺼내더니 이렇게 말했다.

“너, 소원을 들어주는 부적 카드 알아? 공부 잘하게 만들어 주는 것도 있고, 건강을 기원하는 카드도 있어. 오, 나쁜 친구를 퇴치하는 부적 카드도 있네.”

시은이는 동주가 바닥에 펼쳐 놓은 부적 카드들을 빤히

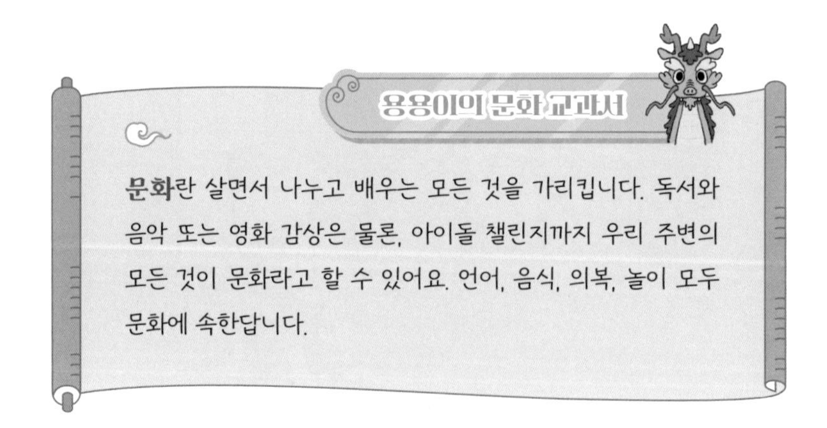

용용이의 문화 교과서

문화란 살면서 나누고 배우는 모든 것을 가리킵니다. 독서와 음악 또는 영화 감상은 물론, 아이돌 챌린지까지 우리 주변의 모든 것이 문화라고 할 수 있어요. 언어, 음식, 의복, 놀이 모두 문화에 속한답니다.

내려다봤다. 요즘 학교 여자아이들 사이에서 유행하는 물건이었는데, 시은이는 아직 하나도 갖고 있는 게 없었다. 동주는 마치 그 사실을 아는 것처럼 씩 웃으면서 말했다.

"우리 집에 놀러 온 기념으로 특별히 너 하나 줄게. 하나 골라 봐."

시은이는 괜히 가슴이 콩닥거려 목걸이에 꿰어진 십자가를 만지작거리다, 슬그머니 하나를 가리켰다.

"이거!"

활짝 열린 대문 바깥쪽에 많은 사람이 서로 손을 잡고 서 있는 카드였다. 시은이가 고른 카드를 콕 집어 뺀 동주는 마법사처럼 중얼거렸다.

"어디 보자, 아브라카다브라! 이것은 무슨 부적인가?"

동주는 한참 동안 카드를 들여다보더니, 고개를 갸웃했다.

"이건 처음 보는 카드인데? 잠깐만!"

동주는 책상 서랍을 뒤지더니 곧 각각의 카드 내용을 설명해 주는, 조그마한 안내 책자를 하나 꺼냈다.

동주가 책을 뒤적거리며 설명을 찾는 사이, 시은이는 카드

속 솟을대문을 하염없이 들여다보았다. 시은이가 넋을 놓고 있는데, 동주가 외쳤다.

"찾았다!"

카드 설명을 마친 동주는 그 카드를 내밀며 말했다.

"자, 우리 집에 놀러 온 기념으로 너 가져."

시은이는 카드를 주머니에 조심스럽게 집어넣으며 작은 목소리로 감사 인사를 했다.

"고마워."

그때 거실에서 동주네 할머니 목소리가 들렸다.

"애들아, 나와서 간식 먹으렴."

주방으로 나가자 식탁 위에 알록달록 예쁜 꿀떡과 과일이 잔뜩 놓여 있었다.

"시은이, 떡 좋아하니?"

동주 할머니의 질문에 시은이는 예의 바르게 대답했다.

"네, 저 꿀떡 좋아해요. 감사합니다."

반면 동주는 잔뜩 인상을 썼다.

"나는 꿀떡 싫은데."

"꿀떡 싫으면 너는 사과나 먹어라."

할머니의 타박에 입을 빼죽거리던 동주는 갑자기 좋은 생각이라도 난 듯 "아!" 하고 외쳤다.

“할머니, 시은이 교회 다녀. 교회 다니는 사람은 제사상에 올라간 음식은 안 먹는다며? 그렇지, 시은아?”

‘제사상’라는 단어에 시은이가 멈칫하자, 동주가 예상대로

라는 듯이 씩 웃었다.

"이거 어제 제사 지내고 남은 과일이잖아. 교회 다니는 사람한테 이런 거 주면 어떡해?"

동주의 타박에 할머니는 큰일 날 뻔했다는 듯 놀란 표정으로 허둥지둥 식탁 위를 치웠다.

"어머, 시은이 교회 다니는구나. 할머니가 몰라서 실수할 뻔했네."

시은이와 엄마 아빠가 교회를 다니는 건 사실이지만, 그렇다고 제사 음식을 먹으면 안 된다는 이야기는 들어 본 적이 없는데……. 시은이는 고개를 갸웃했다.

"왜 교회 다니는 사람은 제사 음식을 먹으면 안 돼요?"

시은이의 질문에 동주가 어이없다는 투로 대꾸했다.

"그걸 왜 우리 할머니한테 물어봐? 우리는 제사 지내는 집인데."

"동주야!"

할머니의 엄한 목소리에 동주는 더 이상 토를 달지 않았다. 입술을 삐죽이기는 했지만 말이다. 동주 할머니는 친절하게 답해 주었다.

"예전에 이웃집에 제사 떡을 주니까 자기는 교회 다녀서 안 먹는다고 하더구나. 귀신이 먹던 음식이라도 자기 마음에 거리낌 있으면 안 먹고, 아무렇지도 않으면 먹어도 된다고는 하던데……. 그래도 괜히 제사 음식을 주면 시은이 엄마 기분이 나쁠 수도 있으니까……."

시은이는 기분이 이상해졌다.

'귀신이 먹던 음식? 동주 할아버지도 죽은 사람이니까 귀신인 건가?'

어느새 식탁 위에 있는 꿀떡 접시를 슬그머니 치운 동주 할머니가 냉장고를 열었다.

"어디 보자. 다른 먹을 게 뭐가 있을까?"

동주는 이때다 싶었는지 다시 졸라 댔다.

"할머니, 그냥 떡볶이 배달시켜 줘. 아니면 피자? 아, 그래! 시은아, 우리 피자 먹자! 어때? 콤비네이션 시킬까? 아님 포테이토 베이컨 피자? 넌 무슨 피자가 더 좋아?"

자기 핑계로 피자 시켜 먹으려는 속셈이 너무 빤해, 시은이는 괜히 민망해졌다.

"난 아무거나 다 좋아."

"그래? 그럼 반반 피자 먹자! 할머니, 시은이도 피자가 좋대! 그러니까 빨리 피자! 피자!"

동주 할머니는 결국 피자를 주문했다. 피자는 금방 도착했다. 시은이는 맛있게 피자를 먹는 동주에게 조심스럽게 물었다.

"동주야, 너는 제삿날마다 정말로 할아버지 영혼이 찾아온다고 생각해?"

콜라를 쭉 빨아 마시던 동주는 잠시 컥컥거리다 답했다.

"글쎄? 한 번도 생각해 본 적 없는데. 음…… 진짜 찾아오시지 않을까? 할아버지 드시라고 음식도 차려 놓잖아. 물론 제사 지낸 다음 우리 가족이 다 나눠 먹지만. 제사 지낸 음식은 한 입이라도 먹어야 한대. 조상님들이 복을 나눠 주신다더라."

동주의 말에 시은이는 입술을 삐죽였다.

"그런 거 다 미신이잖아."

동주는 기분이 상한 듯 컵을 툭 치더니 시은이를 빤히 바라보며 말했다.

"뭐가 미신이냐? 우리 문화고 우리 민족 대대로 내려오는 전통인데. 넌 단군 할아버지가 제사 지낸 것도 몰라?"

여기서 질 수는 없었다.

"그건 단순히 **신화**잖아! 그리고 단군 할아버지는 조상님이 아니라 하늘에 제사를 지낸 거야."

동주는 이제 아예 팔짱까지 끼고 맞받아쳤다.

"그거야 단군 할아버지의 아버지가 하늘에서 왔으니까 그런 거지. 야, 그리고 그렇게 따지면 그것도 조상 숭배 문화 아니야?"

시은이는 어이가 없어 얼굴이 새빨개졌다.

"그, 그럼 너는 진짜 곰이 사람으로 변했다는 걸 믿는 거

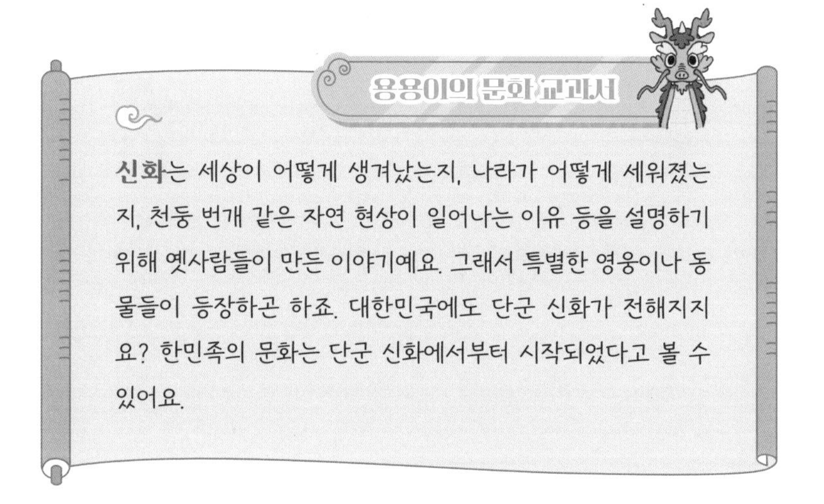

용용이의 문화 교과서

신화는 세상이 어떻게 생겨났는지, 나라가 어떻게 세워졌는지, 천둥 번개 같은 자연 현상이 일어나는 이유 등을 설명하기 위해 옛사람들이 만든 이야기예요. 그래서 특별한 영웅이나 동물들이 등장하곤 하죠. 대한민국에도 단군 신화가 전해지지요? 한민족의 문화는 단군 신화에서부터 시작되었다고 볼 수 있어요.

야? 우리가 환웅과 웅녀의 후손이라고? 그런 건 아니지? 우리 학교에서 **샤머니즘**이나 **토테미즘** 배웠잖아!"

'바보같이'라는 말을 겨우 삼킨 시은이의 속마음이라도 눈치챈 것마냥, 동주는 눈살을 찌푸리며 대꾸했다.

"뭘 그런 걸 따져? 네 식대로 엄밀히 따지면, 단군 할아버지가 한민족의 하나님 아버지인 거 아냐?"

시은이는 너무 어이가 없어 할 말을 잃었다. 동주는 의기양양한 말투로 말을 이었다.

"교회 다니는 사람들은 정말 바보 같아."

바보 같은 게 누구인데! 시은이는 발끈해서 소리쳤다.

"교회 안 다니는 사람이 훨씬 바보 같거든! 너도 장례식장

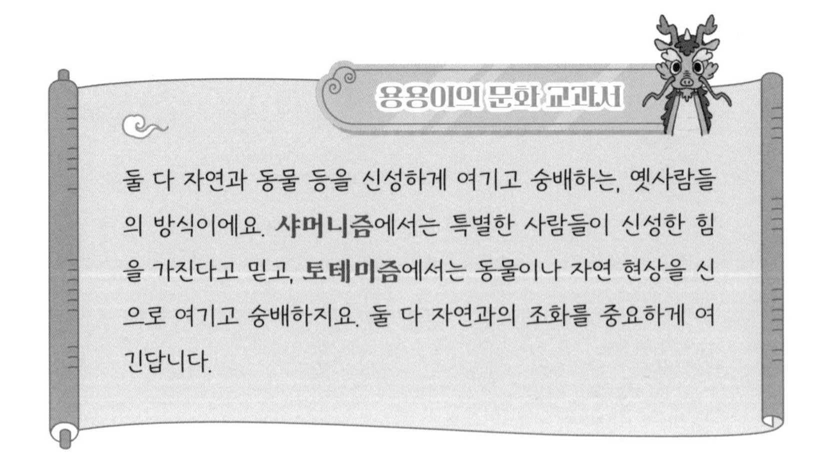

둘 다 자연과 동물 등을 신성하게 여기고 숭배하는, 옛사람들의 방식이에요. **샤머니즘**에서는 특별한 사람들이 신성한 힘을 가진다고 믿고, **토테미즘**에서는 동물이나 자연 현상을 신으로 여기고 숭배하지요. 둘 다 자연과의 조화를 중요하게 여긴답니다.

가면 귀신 달라붙는다고 옷에 소금이랑 고춧가루 넣고 다니지? 이상한 미신이나 믿고."

동주는 인상을 썼다.

"장례식장 한 번도 안 가 봤는데? 그러는 너야말로 일요일마다 교회 간다고 아무 데도 못 놀러 가잖아. 교회 다니는 사람들은 이래저래 안 되는 게 너무 많아. 진짜 싫어."

말하다 보니 화나는 듯 동주의 목소리는 점점 커졌다.

"너 때문에 아까 꿀떡도 못 먹고!"

시은이는 기가 막혀 자리에서 벌떡 일어났다.

"나, 집에 갈래!"

고대 문화관

문화별로 다른 아름다움

'문화'란 시대와 대륙, 나라별로 모두 달라진다네. 살아가는 방식, 환경, 가치관이 모두 다르니 당연한 일이지. 지금부터 문화재를 통해 각 문화의 '아름다움'이 어떻게 다른지 알려 주겠네.

최초의 아름다움

먹거리가 부족하던 선사 시대 사람들은 풍성한 몸매를 아름다움의 상징으로 여겼다는 사실을 아는가? 이에 선사 시대 여신상들이 대부분 통통하다네. 당시 사람들에게는 넉넉한 몸이 건강함과 생명력을 나타내는 중요한 기준이었거든. 풍만한 조각상에는 건강과 번영을 염원하는 당시 사람들의 소망이 담겨 있는 셈이야.

발렌도프의 비너스,
공주석장리박물관

동서양의 서로 다른 시각

머나먼 고대, 그리스인들은 신처럼 완벽한 몸매를 '아름답다'고 생각했다더군. 오른쪽 그림을 보게. 21세기에도 아름답다고 느낄 만한, 균형 잡힌 데다 건강해 보이는 몸매지 않나?

반면, 동양에서는 외면보다 내면의 아름다움을 더 중요하게 여겼다네. 무슨 소리냐고? 아래 불상을 보게나. 부드러운 미소와 고요한 표정이 정말 아름답지 않은가? 즉, 동양에서 추구하는 이상적인 아름다움의 기준은 마음이 평화롭고 자비로운 사람이라고 할 수 있네.

아름다움의 기준이 시대별, 국가별로 달랐다는 사실이 신기하지 않은가?

(위) 고대 그리스 비너스 소상,
평강성서유물박물관

(아래) 공주의당금동보살입상,
국립공주박물관

사회의 가치관과 연결된 '아름다움'

아름다움을 바라보는 사람들의 시선도 일종의 문화라네. 그래서 선사 시대에는 풍요로운 몸이 생존을 상징했지만, 문명이 만개한 그리스에서는 어느 순간부터 '건강'한 몸이 이상적으로 여겨지기 시작한 거지. 아름다움의 기준이 가치관에 따라 달라질 수 있음을 보여 주는 사례랄까. 동양에서 내면의 평화가 중요시 여겨진 까닭도 같은 맥락으로 이해하면 된다네. 즉, 아름다움은 각기 모두 그 사회에서 중요하다고 생각하던 요소와 연결된 셈이야.

근데 내가 누구냐고? 아차차! 나는 지금부터 그대들에게 용 박물관을 안내할 조연벽이라고 하네. 고려 후기의 장군으로 몽골족에 맞서 싸웠지. 원래는 용용이가 박물관을 안내해야 하지만, 특별한 사정 때문에 이번만큼은 내가 박물관 안내를 맡게 됐으니 잘 부탁하네.

2 비나이다, 비나이다

제 2 관

대한민국관

대한민국의 문화유산

'여기가 어디지?'

아무래도 버스를 잘못 탄 듯싶었다. 시은이는 침착하게 버스 노선도를 바라보았지만, 전혀 모르는 동네에 왔다고 생각하니 식은땀이 났다. 잘못하면 집으로 돌아갈 수 없을지도 모른다. 시은이는 일단 내리기로 마음먹었다. 멀리 가면 갈수록 집으로 돌아가기가 더 힘들어질지도 모르니 말이다.

하차한 정류장 길 양편으로는 커다란 나무들이 길게 늘어서 있었다. 시은이는 고개를 젖혀 잎이 무성한 커다란 나무를 바라보았다. 나뭇잎 사이로 햇살이 비쳐 들어왔다.

'우리 동네에 이런 곳이 있었나?'

그때 갑자기 세찬 바람이 불어와 팔로 얼굴을 가리고 두 눈을 꼭 감았다. 돌풍이 지나간 후, 눈을 뜨자 길바닥에 아까 동주가 선물로 준 부적 카드가 떨어져 있었다. 그것을 집어 올리려는 순간, 또다시 바람이 불어왔다. 카드는 나비처럼 살랑살랑 앞으로 날아갔다. 잡힐 듯하면 앞으로 포르르 구르고, 또 잡힐 듯하면 휙 날아갔다. 반드시 잡고 말겠다는 오기가 생긴 시은이는 잽싸게 뛰어가 카드를 붙잡았다.

"잡았다!"

그 순간, 무언가 번쩍였다. 질끈 눈을 감았다가 슬그머니 뜨자, 눈앞에 솟을대문이 커다란 한옥이 떡하니 나타나 있었다. 시은이는 너무 놀라 입을 쩍 벌렸다. 그때 어쩐지 쇳소리가 섞인 듯한 목소리가 메아리처럼 울려 퍼졌다.

"꺅! 손님이당!!! 이게 대체 얼마 만이에용!"

이어서 기둥을 칭칭 감싸고 있던 조각이 스르륵 풀리며 시은이 눈앞에 낯선 존재가 나타났다. 커다란 눈망울과 이마에 솟은 뿔, 돼지 모양 코, 꼬불꼬불 귀엽게 날리는 수염, 가느다란 몸체를 가진 어린 청룡이었다.

BUS

龍博物
'용 박물관'에 오신 걸 환영합니당! 저는 제38대 청룡 용용이랍니당. 이 박물관의 지킴이지용!

“정말 몇백 년 만에 찾아오신 손님인지 몰라용! 손님이 오시지 않았다면 조만간 박물관 문을 닫을 뻔했어용!”

손님이 없어 문을 닫을 뻔했다는데, 차마 길을 잃었을 뿐이라고 말할 수는 없었다. 시은이는 그렇게 모진 성격이 못 되었다. 그래서 일단 자기소개를 했다.

“안녕. 나는 조시은이라고 해.”

용용이는 눈을 찡긋하며 말했다.

“시은 학생, 만나서 반가워용!”

인사와 자기소개를 마친 용용이와 시은이 사이에 잠시 어색한 침묵이 감돌았다. 오랜만에 온 손님이라더니, 용용이도 손님을 어떻게 대해야 하는지 잘 모르는 모양이었다. 결국 시은이가 먼저 입을 열었다.

“여기서 뭐 하고 있었어?”

용용이는 기다렸다는 듯이 대답했다.

“손님을 기다리고 있었지용!”

시은이는 고개를 갸웃하며 물었다.

“왜?”

용용이는 씩씩하게 답했다.

"박물관 안내와 설명이 제 일이거든용!"

시은이는 눈을 끔뻑였다.

"안내와 설명?"

용용이는 고개를 끄덕이며 쓸쓸한 목소리로 답했다.

"요즘은 아무도 비를 내려 달라고 기우제를 지내지 않으니…… 박물관에 콕 박혀 누가 찾아오지 않으려나, 불러 주지 않을까 기다리고 있었어용!"

말하는 속도가 너무 빨라 무슨 뜻인지 이해하기가 어려웠지만, 딱 한 단어만큼은 귀에 콕 박혔다.

"기우제?"

시은이가 관심을 보인다고 생각했는지, 용용이는 신나게 설명을 시작했다.

"옛날에는 대부분 농사를 지었잖아용? 풍작이려면 비가 적당한 때 잘 내려야 해용. 하지만 어디 세상일이 내 마음대로 되던가용. 가뭄이 드는 일도 잦았지용. 그럴 때마다 인간들은 비가 오게 해 달라고 우리 용들을 불러 댔지용!"

"용이랑 기우제가 무슨 상관인데?"

시은이의 질문을 예상하지 못한 듯, 용용이는 잠시 또르르 눈알만 굴렸다. 그러고는 곧 고개를 끄덕였다.

"혹시 용의 순우리말이 미르, 바로 물을 뜻한다는 걸 알고 있나용?"

"아니……. 처음 들어."

시은이는 어쩐지 미안한 마음이 들었지만, 용용이는 개의치 않는 듯 말을 이었다.

"'미르'라는 이름은 우리 용이 물의 신이라는 뜻이랍니당! 그래서 옛날에는 구름을 불러와 비도 내리고 했지용. 물론 이제는 다 옛이야기지만용……."

시은이는 갑자기 시무룩해지는 용용이의 모습에 급하게 새로운 화제를 꺼냈다.

"일기예보를 보니까 남부 지방에 비가 안 와서 걱정이라던데, 거기 비 좀 내려 주면 안 돼?"

용용이는 여전히 슬픈 듯 대꾸했다.

"하지만 비를 내려 달라고 기도하는 사람이 없는걸용. 요즘은 아무도 기우제를 지내지 않잖아용. 사람들의 믿음이 사라지면 우리 같은 환상 생물은 힘을 잃어버린답니당. 그러니 이제 비 내리는 능력도……."

시은이의 등 뒤로 식은땀이 흘렀다. 어떻게 대답해야 할지 도무지 알 수가 없었다. 다행히 용용이는 씩씩한 목소리로 다시 설명을 시작했다.

"농촌 사람들이 기우제를 지냈다면 바닷가 사람들은 용왕님께, 아, 그러니까 바다에 사는 용은 덩치가 커지거든용! 세상의 모든 물이 모인 곳이 바다니까용. 그러니까 용왕이라 불리는 것도 당연하지용. 물고기를 많이 잡게 해 달라고 풍어제도 지냈대용. 자, 보세용!"

이야기하다 보니 진짜로 흥이 났는지, 용용이는 시은이를 건물 안쪽으로 데리고 들어갔다. 방에는 여러 농기구가 전시되어 있었다. 전부 용의 이름이 붙어 있는 농기구라는 공통점이 있었다.

"이건 용왕님께 바치던 용떡이에용. 드셔 보세용."

시은이는 용용이가 내민 떡을 냉큼 받아먹었다. 용떡은 안에 꿀을 넣은 듯 달달하니 맛있었다. 입안 한가득 용떡을 베어 문 시은이의 눈길이 벽에 걸린 커다란 깃발에 꽂혔다. 커다란 용에 탄 할아버지가 삽 같은 걸 들고 있었다.

"이 할아버지가 들고 있는 건 뭐야? 삽이야?"

강소농기 그림, 강진농업박물관

"살포라는 고대 농기구예용. 논에 물을 댈 때, 도랑에 흐르는 물길을 트거나 막는 용도로 많이 사용했지용."

용용이는 벽에 걸린 깃발을 아련한 눈길로 바라보았다.

"이 할아버지는 농업의 신 신농씨랍니당. 37대 청룡 님은 신농씨를 태우고 이 동네, 저 동네 돌아다니면서 비도 뿌리고, 벼가 쑥쑥 잘 자라도록 땅도 골고루 다져 주었대용. 그때는 참 재미있었다고 하더군용. 맛있는 음식을 잔뜩 차려 놓고, 징과 장구를 치면서 우리를 부르면……. 어, 잠깐만! 이 소리 들려용?"

약하게 펄럭이는 벽에 붙은 깃발에서 징 소리가 나고 있었다. 뒤이어 장구 치는 소리와 함께 웅성웅성하는 소리까지 들려왔다.

"비나이다. 비나이다. 동해 용왕님, 서해 용왕님, 남해 용왕님. 아무라도 좋으시니 저희 말을 들어 주소서. 맛있는 음식을 마련했으니 비구름을 타고 우리 동네로 오십시오. 석 달 열흘 날이 가물어 비가 오지 않아 논밭이 쩍쩍 갈라지고 마실 물이 없어 목이 타들어 가고 있습니다."

비나이다,
비나이다.
이거……
나 부르는 소리지용?

얼씨구,
좋다!
우르렁 꽝꽝 한바탕
소나기라도 좋습니다!
촉촉한 단비도
좋습니다.
그……렇겠지?

“이게 얼마 만에 나를 찾는 소리냐? 금방 갔다 올게용!”

용용이는 신농씨가 그려진 깃발 속으로 쏙 들어가 버렸다. 시은이는 깜짝 놀랐지만, 깃발은 아무 일도 없다는 듯 시침을 떼고 벽에 얌전히 붙어 있었다.

주위를 둘러보자 인형처럼 작은 사람들이 움직이고 있었다. 남자들은 농업박물관에서 만난 해설사 선생님이 용두레라고 설명해 준 기구를 쓰고 있었다.

“농사에는 물이 꼭 필요하지요? 용두레는 낮은 곳에 있는 물을 높은 곳으로 퍼 올리는 농사용 도구예요.”

남정네들 맞은편에는 아낙네들이 우물물을 뜨고 있었다. 그 모습에서도 해설사 선생님의 설명이 떠올랐다.

"우리나라 사람들은 정월 첫 용의 날이나 대보름에, 하늘의 용이 지상에 내려와 우물에 알을 낳는다고 믿었어요. 그 알이 담긴 우물물을 제일 먼저 길어다가 밥을 지으면 그해 농사가 풍년일 것이라 생각했지요. 이 때문에 '첫 용 날'이라고도 부르는 정초십이지일 중 하나인 상진 날, 닭이 울 때를 기다리다가 서로 앞다투어 먼저 물을 길어 오는 풍습이 있었지요."

시은이가 인형들 구경에 한창 빠져 있을 때였다. 갑자기 커다란 물체가 '쿵!' 하고 떨어지는 소리가 나더니 박물관이 흔들렸다. 열심히 일하던 인형들은 "꽥!" 하고 소리를 지르며 구석으로 도망갔다. 시은이도 깜짝 놀라 엉덩방아를 찧었다. 그러나 무슨 일이 일어났는지 정확히 알아야 대비할 수 있으리라는 생각이 들어, 곧바로 일어나 바깥쪽을 내다보았다.

박물관 마당에는 커다란 배불뚝이 드래곤이 위풍당당하게 서 있었다. 만화 영화에서나 보던, 입에서 불을 뿜는, 파충류를 닮은, 거대한 드래곤이었다! 시은이는 입을 쩍 벌리고 드래곤을 바라보았다.

"용용아! 이리 오너라!"

큰 소리로 용용이를 부르며 박물관 내부로 들어서던 드래곤은 시은이를 보고 우뚝 멈춰 섰다. 금방이라도 입에서 뜨거운 불꽃을 내뿜을 듯 기세가 굉장했지만, 시은이를 보고 바로 입맛을 다시거나 하지는 않았다. 그저 멀뚱멀뚱 내려다보았을 뿐이다.

뭐야,
웬 인간?

시은이는 거대한 드래곤의 덩치에 놀라 주춤했지만, 곧 용기를 내어 인사했다.

"아…… 안녕!"

드래곤이 성을 냈다.

"뭐? 안녕? 어디서 감히 반말이냐! 내가 네 친구냐?"

시은이는 화들짝 놀라 얼른 다시 존댓말로 인사했다.

"아, 안녕하세요!"

드래곤은 콧김을 팽팽 내뿜으며 말했다.

"그나저나 용용이는 어디 갔느냐?"

시은이는 조심스럽게 벽에 걸린 깃발을 가리켰다.

"비 내려 주러 갔어요."

드래곤은 고개를 갸우뚱했다.

"요새도 기우제를 지내는 인간이 있나?"

그러더니 세로로 길게 찢어진 눈동자로 시은이를 노려보았다.

"그나저나 손님을 이렇게 멀뚱히 세워 놓을 거냐? 어디서 어떻게 배워 먹은 거야. 쯧쯧!"

입맛을 쩝쩝 다시면서 이렇게 중얼거리기까지 했다

"고것 참 야들야들 참 맛있게도 생겼구나. 동굴로 데리고 가서 한입에 후루룩 짭짭!"

시은이는 자기도 모르게 뒷걸음질 쳤다. 그때 누군가 옆구리를 꾹꾹 찔렀다. 돌아보니, 머리에 수건을 둘러맨 작은 여자 인형이 손가락으로 사랑채를 가리키고 있었다. 그쪽으로 데리고 가라는 뜻인 듯했다. 시은이는 잽싸게 드래곤을 사랑채로 안내했다.

"이, 이쪽으로 오세요!"

드래곤은 잔뜩 거드름을 부리며 시은이를 뒤따라왔다.

"그나저나 여기 인간들은 왜 죄다 흰옷을 입고 있냐?"

드래곤의 말에 시은이도 한쪽 구석에 몰려 있는 인형들을 바라보았다. 진짜 모두 하얀 옷을 입고 있었다. 다행히 학교 사회 수업 시간에 배운 내용이라, 바로 대답할 수 있었다.

"우리나라 사람들은 흰옷을 좋아하거든요."

드래곤은 고개를 갸웃했다.

"왜?"

시은이는 예상치 못한 드래곤의 질문에 잠시 당황했지만, 곧 차분하게 대답했다.

"깨끗하고 순수해 보여서 그런 게 아닐까요? 옛날부터 흰 옷을 즐겨 입어서 우리나라 사람들을 백의민족(白衣民族)이라고 부른대요."

드래곤은 심드렁하게 대꾸했다.

"거참…… 별난 사람들이구먼. 그러고 보니 입고 있는 옷도 특이하네."

인형들은 모두 대한민국의 **전통 의상**인 한복, 그러니까 저고리에 바지 또는 치마를 입고 있었다. 시은이는 일단 드래곤을 방 안으로 안내했다.

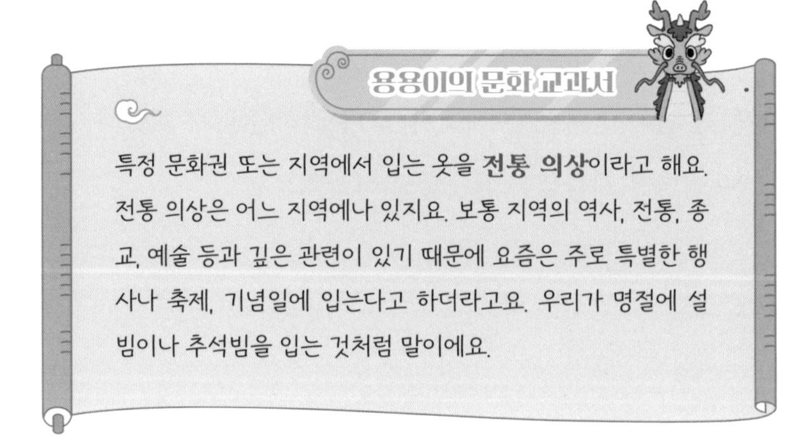

"여기는 사랑채인데, 용용이가 돌아올 때까지 이 방 안에 들어가서 기다리세요."

드래곤은 사랑채 안으로 들어가다가 "빽" 하고 크게 소리를 질렀다.

"앗, 뭐야! 왜 바닥이 이렇게 뜨거워?"

드래곤이 왼발 오른발 번갈아 가며 폴짝폴짝 뛰자 사랑방에 있던 남자 인형이 사랑채 아래의 아궁이를 가리켰다. 시은이는 급히 설명했다.

"**온돌**이에요. 온돌."

시은이 말에 드래곤이 호들갑스럽게 뛰던 행동을 멈췄다. 시은이가 설명했다.

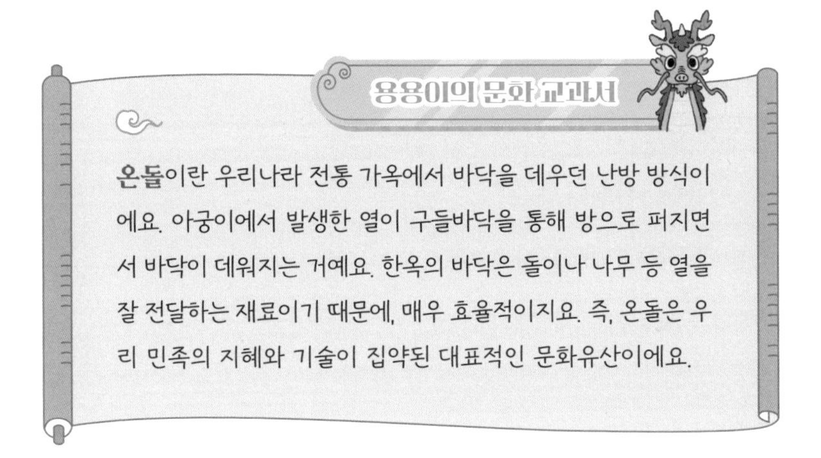

온돌이란 우리나라 전통 가옥에서 바닥을 데우던 난방 방식이에요. 아궁이에서 발생한 열이 구들바닥을 통해 방으로 퍼지면서 바닥이 데워지는 거예요. 한옥의 바닥은 돌이나 나무 등 열을 잘 전달하는 재료이기 때문에, 매우 효율적이지요. 즉, 온돌은 우리 민족의 지혜와 기술이 집약된 대표적인 문화유산이에요.

"한옥은 여기 아궁이에 불을 때서 그 연기로 방바닥을 따뜻하게 데우거든요."

"벽난로에 불을 때서 공기를 데우는 게 아니라?"

드래곤은 고개를 갸웃하더니 아궁이에 얼굴을 푹 들이밀었다.

"불붙인 나무 땔감을 여기 넣으면 그 열기로 방을 데운다고? 고것 참 신기하군."

한참 동안 골똘히 아궁이를 들여다보던 드래곤은 갑자기 입을 쩍 벌리더니 화르르 불꽃을 내뿜었다. 아궁이 장작이 화르르 타오르면서 사랑채 뒤편 굴뚝에서 흰 연기가 모락모락했다. 한참 동안 아궁이에서 불장난을 하던 드래곤은 궁금하다는 듯 시은이에게 물어보았다.

"근데 왜 방을 데우는 거야?"

시은이는 심드렁하게 대꾸했다.

"겨울에 추우니까요."

드래곤은 고개를 갸웃거렸다.

"여름에는? 덥지 않아?"

바보 같은 질문이었지만, 시은이는 최대한 친절하게 답변했다.

“더운 여름에는 당연히 불을 안 때지 않을까요? 여름에는 온돌에 불을 피우는 대신 마루에 앉아 솔솔 불어오는 시원한 바람을 맞았대요. 온돌과 마루가 있는 한옥은 사계절이 뚜렷하던 우리나라 **기후**에 아주 적합한 집이라고 했어요.”

드래곤은 입을 삐죽였다.

“동굴이랑 별반 다를 게 없네. 동굴도 여름에는 서늘하고 겨울에는 따뜻하지.”

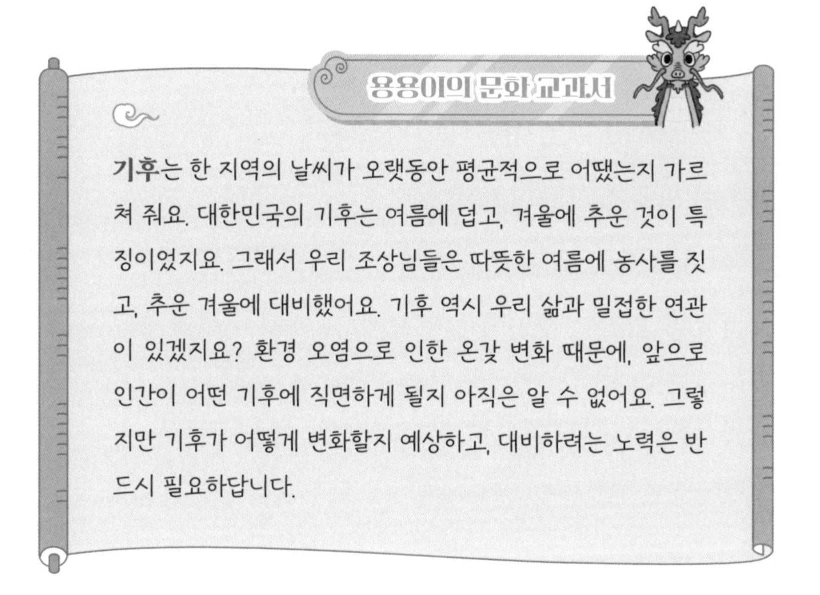

기후는 한 지역의 날씨가 오랫동안 평균적으로 어땠는지 가르쳐 줘요. 대한민국의 기후는 여름에 덥고, 겨울에 추운 것이 특징이었지요. 그래서 우리 조상님들은 따뜻한 여름에 농사를 짓고, 추운 겨울에 대비했어요. 기후 역시 우리 삶과 밀접한 연관이 있겠지요? 환경 오염으로 인한 온갖 변화 때문에, 앞으로 인간이 어떤 기후에 직면하게 될지 아직은 알 수 없어요. 그렇지만 기후가 어떻게 변화할지 예상하고, 대비하려는 노력은 반드시 필요하답니다.

불장난에 심드렁해진 드래곤은 다시금 사랑채 안으로 들어가더니 마치 제가 주인인 듯 방석에 털썩 주저앉아 손가락을 까닥였다.

"그나저나 손님이 왔는데, 아무것도 안 주나?"

때마침 사랑채 하인 인형이 작은 다과상을 내왔다. 상 위에는 전병 과자와 찻주전자로 우려내는 전통 녹차가 올라 있었다. 시은이가 물었다.

"녹차 한 잔 드실래요?"

"오, 그린티(greentea)! 내가 또 차를 좋아하지. 한 잔 맛있게 우려내 보아라."

시은이는 찻주전자에 녹차를 조금 넣고 뜨거운 물을 부었다. 처음 해 봤지만, 어렵지는 않았다. 기분이 좋아졌는지 드래곤의 말투가 부드러워졌다.

"어린 인간이 차 따르는 솜씨가 제법이구나!"

녹차를 쪼르르 찻잔에 따르는데, 드래곤이 사랑채를 둘러보면서 물었다.

"저건 뭐냐? 책? 무슨 책이 이렇게 많아?"

시은이는 한옥마을 선생님의 설명을 떠올렸다.

“아까도 말했지만, 여기는 사랑채예요. 우리나라 한옥은 여자들이 생활하는 안채랑 남자들의 공간이 사랑채로 나뉘거든요. 사랑채에서는 할아버지부터 아버지, 아들까지 남자들이 공부도 하고, 손님도 맞이했대요.”

“유럽의 응접실에는 장식품이 많은데. 이 나라에서는 책이 장식품인 건가?”

사랑채를 둘러보던 드래곤은 책장의 책을 한 권 쑥 빼더니 넘겨 보다가 고개를 갸웃했다.

"이건 한자가 아니잖아. 그림인가? 규칙적인 걸 보니 글자 같기는 한데……."

그 말에 시은이는 깜짝 놀랐다.

"한자를 알아요?"

드래곤은 거들먹거리며 대답했다.

"내가 중국 용을 서너 마리쯤 알거든. 그나저나 동아시아에서는 다 한자 쓰는 거 아니었어?"

시은이는 힐끔 드래곤이 들고 있는 책을 들여다보았다. 우리나라 최초의 한글 소설로 알려진《홍길동전》이었다. 시은이는 자랑스러운 기분으로 드래곤에게 이야기했다.

"**한글**이에요. 오래전에는 우리나라에서도 한자를 썼지만 세종대왕님이 백성들을 위해 글자를 만들어 주시면서 한글을 쓰게 되었어요."

"왕이 백성들을 위해 글자를 만들었다고? 정말 신기한 나라네."

대화하다 보니 어느새 녹차가 다 우러났다. 드래곤은 홀짝 홀짝 차를 마시면서 《홍길동전》을 계속 뒤적거렸다. 따뜻한 기운에 노곤해졌는지 바닥에 등을 대고 아예 드러눕기까지 했다.

한글은 백성들이 쉽게 글을 읽고 쓸 수 있도록, 1443년 세종 대왕이 창제한 우리나라의 고유한 문자 체계예요 한글이 만들어지면서 우리 민족은 글을 통해 지식을 쌓고, 문화를 발전시킬 수 있게 되었지요. 한글을 통해 우리 민족의 전통과 문화를 쉽게 이해하고, 또 후손들에게 전할 수 있게 된 거예요. 한글은 한민족의 역사와 문화를 이어 주는 소중한 문화유산이랍니다.

대한민국관

대한민국의 문화유산

지금부터 우리나라의 자랑스러운 문화유산들을 소개하겠네. 오랜 세월 전해 내려온 수많은 문화유산 속에 깃든 우리 민족의 얼과 정신을 느낄 수 있으면 좋겠군.

우리나라의 '함께' 문화

'한민족을 대표하는 노래'라고 하면 무엇이 떠오르는가? 나는 <아리랑>이 떠오른다네. <아리랑>은 오랜 세월 입에서 입으로 전해 내려온 노래지. 이 덕에 노랫가락에 우리 민족의 한과 얼이 자연스럽게 스며들어 있다는 이야기를 들어 본 적 없는가?

비단 노래뿐이랴. 전통 놀이 '강강술래'도 유래를 더듬어 올라가다 보면 공동체 정신과 풍요를 기원하는 농경 사회의 마음이 담겨 있다네. 서로 손잡고 노래를 부르는 놀이의 이면에 우리 민족의 정신이 담긴 셈이지.

우리는 기록의 민족

한민족의 정신은 기록으로도 남아 있다네. 그중 가장 대표적인 기록물은 조선 시대 왕과 신하 들의 일거수일투족(一擧手一投足)*을 세세하게 기록한 <조선왕조실록>이지 않을까? 어찌나 시시콜콜 자세한지 총 1,893권에 달하는 방대한 분량을 자랑하는데, 세계적으로 유래를 찾아보기 힘든 귀중한 역사 자료라고 하더군. 우리 민족이 얼마나 기록에 진심이었는지 보여 주는 사료(역사 연구에 필요한 책)라 할 것이야.

---

* 손 한 번 들고 발 한 번 옮긴다는 뜻으로, 크고 작은 동작 하나하나를 이름.

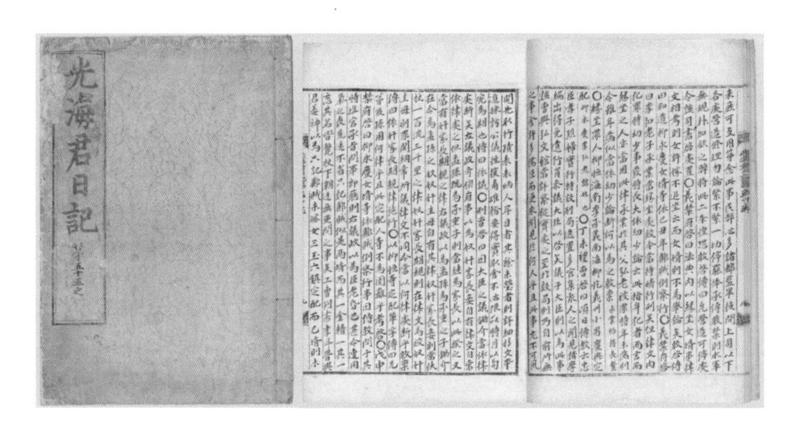

<광해군 일기-조선왕조실록>, 국립중앙박물관

우리 민족의 ‘기록’에 대해 이야기할 때 <조선왕조실록>만큼이나 빼놓을 수 없는 것이 하나 있다네. 무엇일까? 바로 <팔만대장경>이지. 현재 합천 해인사에 보관 중인 <팔만대장경>은 고려 시대, 불교의 힘으로 외세의 침입을 막고자 하는 마음을 담아 만들었다네. 당시 고려는 강대한 원나라의 공격에 버티느라 아주 힘들었거든. 세 번이나 불에 타 사라질 뻔했지만, 다행스럽게도 모든 위기를 넘기고 2024년부터 디지털화를 진행 중이라네.

언젠가는 문화유산이 될지도 모르는, 지금의 K-컬처

오늘날에도 많은 사람이 'K-컬처'를 사랑하고 있다지? 멋진 아이돌 그룹들의 K-팝, 드라마, 영화, 패션, 음식까지! 모두가 대한민국의 자랑스러운 문화로 자리 잡았다고 들었다네. 21세기 한국인이 즐기는 많은 문화도 100년쯤 뒤에는 문화유산으로 자리 잡지 않을까, 하는 생각이 드는군!

3
세뱃돈
내놔!
제 3 관
동아시아관
같은 듯 다른 문화

얼마 지나지 않아 드래곤은 코를 골기 시작했다.

"드르렁드르렁."

시은이는 살금살금 사랑채 문 쪽으로 다가갔다. 용이니 드래곤이니 하는 것들이 신기하기는 했지만, 더 이상 이상한 일에 휘말리고 싶지 않았다. 어서 빨리 집으로 돌아가고만 싶었다. 그때 등 뒤에서 음산한 목소리가 들려 왔다.

"어디 가?"

깜짝 놀라 뒤돌아보니 어느새 잠에서 깬 드래곤이 눈을 가늘게 뜨고 시은이를 바라보고 있었다.

"편, 편히 주무시게 조용히 나가려고……."

드래곤은 발끈했다.

"안 잤어! 남의 집에서 속 편히 잠이나 자는 드래곤이 어디 있어?"

시은이는 기가 막혔다.

"코도 골았는데……."

드래곤은 뻔뻔스럽게 대꾸했다.

"그건 코가 막혀서 그래! 숨 쉬는 소리야."

그러더니 어처구니없는 시비를 걸기 시작했다.

"도대체 여긴 왜 이렇게 방이 따뜻해?"

시은이는 한숨을 내뱉었다.

"아까 설명했잖아요. 온돌이라고요. 온돌!"

말하다 보니 어쩐지 화가 났지만, 시은이의 목소리 톤이 높아지든 말든 드래곤은 전혀 신경 쓰지 않는 듯했다.

"아, 그랬지."

잠시 후, 또다시 드래곤의 눈꺼풀이 스르르 아래로 내려갔다. 코골이 소리도 작게 들려왔다. 시은이는 아주 작은 목소리로 속삭이듯 말했다.

"이불이라도 가져다드릴까요?"

대꾸가 없으면 잽싸게 방을 빠져나갈 생각이었다. 안타깝게도 드래곤은 눈을 번쩍 뜨더니 외쳤다.

"알았다! 따뜻해서 기분이 좋은데, 나는 왜 마음이 불편할까? 생각해 보니……."

드래곤은 시은이의 목덜미를 빤히 바라보았다. 시은이는 반사적으로 금으로 된 십자가 목걸이를 만졌다. 등줄기가 서늘했다.

"나는 드래곤이야! 이불 덮고 자는 드래곤이라니, 말도 안 되지. 드래곤에게는 보석이 필요해. 배 밑에 반짝거리는 금은보화가 잔뜩 깔려 있어야 한다고!"

드래곤은 말하면서 한 발짝, 한 발짝 다가왔다. 시은이는 한 걸음, 한 걸음 뒤로 물러섰다. 어느새 등이 벽에 닿았다. 더는 물러날 곳이 없었다. 드래곤은 기다랗고 날카로운 발톱이 달린 발을 내밀며 소리쳤다.

"내놔!"

시은이는 앙칼지게 물었다.

뭐, 뭘?
네 목에 걸고 있는
그 반짝이는 거!

이어서 히죽 웃더니 이렇게 덧붙였다.

"그걸 배 밑에 깔고 있어야겠다!"

드래곤은 사나운 표정으로 노려보며 시은이 쪽으로 날카로운 발톱을 뻗으려 했다. 시은이는 목걸이를 뒤로 감추고, 눈에 힘을 팍 주며 외쳤다.

"초등학생 물건을 힘으로 뺏으려 하다니, 순 날강도네!"

팔짱을 끼고 노려보던 드래곤은 갑자기 시은이의 옷자락을 물고 휙 날아올랐다. 그리고 박물관 안쪽 **풍습**관에 내려놓았다. 시은이가 고개를 저어 살펴보니, 열두 달 세시 풍속에 사용되던 물건을 전시하는 곳이었다.

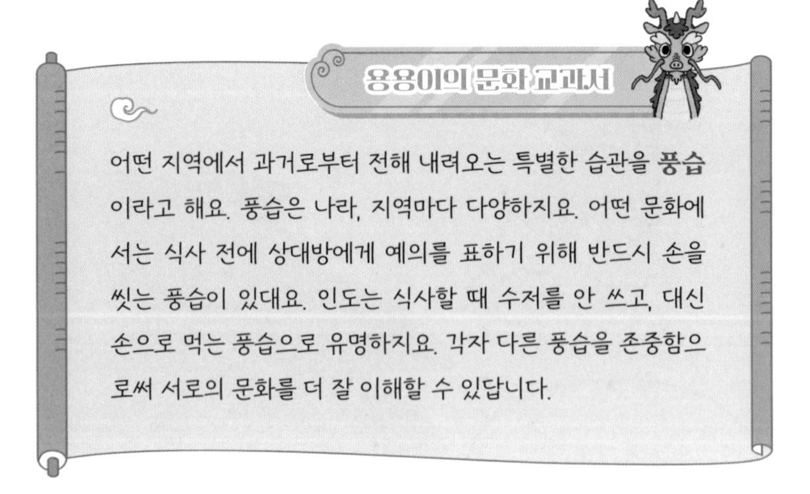

어떤 지역에서 과거로부터 전해 내려오는 특별한 습관을 **풍습**이라고 해요. 풍습은 나라, 지역마다 다양하지요. 어떤 문화에서는 식사 전에 상대방에게 예의를 표하기 위해 반드시 손을 씻는 풍습이 있대요. 인도는 식사할 때 수저를 안 쓰고, 대신 손으로 먹는 풍습으로 유명하지요. 각자 다른 풍습을 존중함으로써 서로의 문화를 더 잘 이해할 수 있답니다.

드래곤은 시은이를 강제로 방석 위에 앉혔다.

"여기가 어디게?"

시은이는 주변을 둘러보았다.

"풍습관? 저긴 정월 대보름, 단오, 추석이니까……."

드래곤은 사악하게 웃으며 물었다.

"그래서 여기는 대보름이야, 추석이야?"

시은이는 찜찜한 마음으로 대답했다.

"새해, 설날이죠?"

드래곤은 만족스러운 표정으로 고개를 끄덕였다.

"그래, 그렇지. 그러니까 오늘은 설날이야."

드래곤은 다짜고짜 두 손을 이마에 갖다 대더니 방석 위에 앉은 시은이에게 절했다.

"새해 복 많이 받으세요!"

그러더니 발바닥을 앞으로 쭉 내밀었다.

"세배했으니까 세뱃돈 줘야지."

시은이는 너무 기가 막혀 말문이 막혔다.

"돈이 없으면 목에 있는 그거, 금 목걸이라도 내놔!"

"오늘 설날 아니거든!"

시은이가 소리를 빽 지르자 드래곤도 큰 소리로 받아쳤다.

"네가 아까 설날이라고 했잖아!"

시은이는 지끈거리는 이마를 짚으며 중얼거렸다.

"설날에 세배하면 세뱃돈 받는다는 건 도대체 어디서 들은 이야기람?"

드래곤은 으스대며 답했다.

"작년에 소문이 쫙 났어. 중국에 아는 친구가 있는데, 설날 세뱃돈 받으려고 전국 방방곡곡을 돌아다녔대. 얼마나 절을 많이 했는지 허리가 끊어질 뻔했다더라고. 세배하면 세뱃돈 준다는 건 그때 알았지."

그때 풍습관에 전시되어 있던 인형 중 하나가 슬며시 끼어들었다.

"드래곤 님. 세배는 어린 사람들이 집안의 웃어른에게 하는 겁니다. 그러니까 나이 많으신 드래곤 님이……."

시은이는 기회를 놓치지 않고 맞장구를 쳤다.

"맞아! 어른이 어린애한테 세배를 한다니. 그런 소리는 단 한 번도 들어 본 적 없어!"

그러자 드래곤이 뻔뻔하게 대꾸했다.

"그럼 내가 아이인 걸로 해! 어쨌든 세배했으니까 세뱃돈 내놔! 돈이 없으면, 그 목걸이라도 내놔!"

이때 또다시 인형이 끼어들었다.

"세뱃돈은 최근에 생긴 풍속이에요. 옛날에는 어른들이 세배한 아이들에게 덕담해 준 뒤에 맛있는 음식을 같이 나눠 먹었답니다."

드래곤이 고개를 갸웃했다.

"덕담?"

인형은 고개를 끄덕였다.

"그렇습니다. '새해 복 많이 받으세요'라고 하면, '너도 건강해라, 친구들이랑 사이좋게 지내라, 공부 열심히 해라', 기타 등등 좋은 말씀을 해 주신답니다."

시은이는 냉큼 '에헴' 하고 자리를 잡았다.

드래곤은 코를 벌렁거리고 콧구멍에서는 허연 김을 뿍뿍 뿜어냈다. 분하지만 어떻게 해야 할지 모르겠는 모양이었다. 시은이는 속으로 키득키득 웃었지만, 겉으로는 시침을 뚝 떼고 근엄한 표정을 유지했다. 어쨌든 시은이가 덕담을 마치자 인형이 말했다.

"두 분, 떡국 드시겠어요? 이제 곧 식사 시간이니 가져오라고 할까요?"

듣고 보니 배가 고픈 것도 같았다. 하지만 드래곤은 고개를 팩 돌렸다.

"싫어!"

시은이는 혼자 먹기 머쓱할 것 같아 드래곤에게 다시 한번 권했다.

"같이 먹자. 설날 하면 역시 떡국이잖아?"

드래곤은 시은이의 말에 대답 없이 콧김만 내뿜었다.

"나는 설날 기념관에 오래 머물고 싶지 않아! 어두워지면 꽝! 꽝! 불꽃 쏘고 시끄럽게 굴 거잖아."

시은이는 드래곤이 하는 말을 도통 이해할 수 없었다. 불꽃을 쏜다고? 불꽃놀이를 한다는 건가? 새해에 도대체 왜? 알 수 없는 이야기에 어리둥절한 시은이의 표정을 보고 드래곤은 불퉁한 목소리로 물었다.

"왜 그런 표정이야?"

"새해에 왜 불꽃놀이를 해?"

시은이의 질문에 드래곤은 주변을 한번 휘 둘러보더니 혼

잣말처럼 중얼거렸다.

"여기는 중국처럼 폭죽을 안 터뜨리나 보네. 폭죽이 안 보이긴 하는군."

시은이의 머릿속에 번개처럼 얼마 전 민속박물관 해설사 선생님에게서 들은 동아시아 삼국의 세시 풍속 차이가 떠올랐다.

"아하, 중국은 설날에 불꽃놀이를 하지? 나쁜 귀신이 깜짝 놀라 도망가길 바라는 마음에 폭죽을 터뜨리며 큰 소리를 낸다고 하더라."

시은이가 말하는 내내 말없이 콧방귀만 뀌던 드래곤은 들릴락 말락, 아주 작은 목소리로 대꾸했다.

"시끄러워서 그래, 시끄러워서. 시끄러우면 밤에 잠을 못 자잖아."

내심 '드래곤도 무서워하는 게 있구나' 싶어진 시은이는 자기도 모르게 새어 나오려는 웃음을 꾹 참았다.

곧 인형이 떡국이 올라간 상을 들고 왔다. 반짝거리는 유기그릇에 김이 모락모락 올라오는 모습이 먹음직스러웠다.

드래곤은 떡국을 먹으면서도 계속 툴툴댔다.

“아니, 왜 이렇게 젓가락이 짧아? 중국 젓가락은 길어서 좋았는데.”

지겹게 투덜거리는 드래곤을 참다못한 시은이가 툭 내뱉듯이 대답했다.

“중국 사람들은 둥글고 큰 식탁에 둘러앉아 음식을 한가운데 두고 먹으니까 그런 거지. 우리나라는 김치처럼 절인 음식이 많아서 국물이 스며들지 않는 금속 젓가락을 쓰는 거고.”

시은이의 설명에 드래곤의 눈이 동그래졌다.

“젓가락은 다 똑같은 거 아니었어?”

시은이 입에서 절로 한숨이 나왔다. 이런 걸 문화적 편견이라고 해야 하는 건가?

“동아시아라고 다 똑같은 게 아니네요. 각 나라, 민족마다 고유문화가 있다고.”

드래곤이 궁금하다는 듯 물었다.

“일본 젓가락은 어떻게 생겼어?”

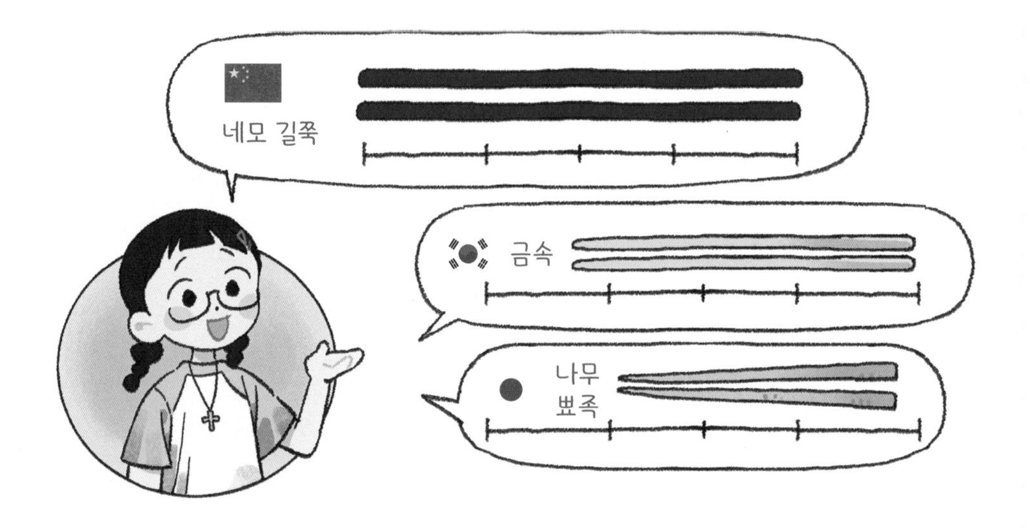

시은이는 일본인 언니와 결혼한 사촌 오빠의 설명을 떠올렸다.

“주변에 바다가 많고 습한 섬나라의 특성상 쉽게 녹슬지 않는 나무젓가락이 발달했대. 생선 요리가 많아 가시를 바를 수 있도록 젓가락 끝이 뾰족하고.”

말하다 보니 문득 동주네 제사가 생각났다. 같은 나라여도 집집마다 문화가 다 다르다. 그러면서도 또 공통적인 문화가 있다.

‘모두 함께 어우러져 살아가려면 열린 마음으로 서로 다

른 문화를 받아들이고, 이해해야 하는 거 아닐까?'

시은이는 생각에 잠겨 어느새 말이 없어졌다. 하지만 시은이가 무슨 생각 중인지 알 리 없는 드래곤은 후루룩후루룩 떡국만 들이켰다.

"흥, 인간들의 문화라고 해 봐야 거기서 거기지 뭐!"

동아시아관

같은 듯 다른 문화

교류가 많으면 문화가 비슷해지기도 한다네. 기후 등 자연환경에 따라 각 나라의 특성이 서로 달라지기도 하지만 말이지. 동아시아 삼국(한 · 중 · 일)의 문화에는 비슷한 점이 많지만, 자연환경이 달라(한국–반도, 중국–대륙, 일본–섬) 구분되는 점도 많달까. 그럼 지금부터 삼국에 비슷한 점과 다른 점을 한번 알아봅세.

비슷한 기후, 벼농사

동아시아에는 옛날부터 여름철에 덥고 습한 바람(온대 계절풍)이 불어왔다네. 이 영향으로 벼농사가 유리했기에 세 나라 모두 주식이 쌀이지. 셋 다 비교적 쌀에 찰기가 많아 일찍부터 젓가락을 사용했다는 공통점이 있지만, 서로 다른 자연환경 때문에 젓가락의 재질이나 모양에는 차이가 있어.

공통의 문자, 한자

한국을 통해 일본으로 전해진 중국의 한자는 세 나라의 문화 교류에 큰 역할을 했지. 한자와 함께 전해진 유교와 불교 등 종교 역시 삼국의 문화에 큰 영향을 미쳤고 말이야. 하지만 현재 쓰이는 한자는 각기 달라. 우리나라는 옛 한자를 거의 그대로 사용하고 있지만, 중국은 복잡한 한자를 간단하게 변형시켜 만든 '간체자'를 함께 쓰니까. 일본에서는 한자를 독특하게 바꾼 '신자체'를 사용하지.

氣	气	気
정자(한국)	간체자(중국)	신자체(일본)

불교

인도에서 시작된 불교는 중국을 넘어 한국, 일본으로 전파되었다네. 그런데 각국 불교에 미묘한 차이가 있다는 사실을 알고 있는가? 특히 불상 모양이 조금씩 다르지. 한국은 중국의 영향을, 일본은 한국의 영향을 많이 받았지만 그럼에도 각기 독특한 모습으로 발전한 것이야.

먼저 한국의 불상은 부드러운 얼굴선과 온화한 미소, 자연스러운 자세가 특징이라네. 중국은 옷의 주름같이 세부적인 표현이 치밀하고 장식을 많이 한다는 특징을 보이지. 일본 불상은 섬세하고 정교한 표현이 특징이고 말이야.

한국 금동 반가사유상

중국 신강 출토 소조 보살상

일본 목조대일여래좌상

지속 가능한 납치!?

제 4 관

지구촌관

세계의 용

국물까지 후루룩 깔끔하게 다 먹은 드래곤이 그릇을 탁! 하고 상에 내려놓더니 갑자기 발톱으로 빈 그릇을 박박 긁기 시작했다. 그러자 점처럼 붙어 있던 땜질 조각이 떨어져 나가며 아주 작은 구멍이 드러났다.

"팅커벨 짓이군. 땜장이 요정 주제에 허구한 날 냄비에 구멍이나 내고. 설마 여기까지 쫓아온 건 아니겠지?"

드래곤의 으르렁 소리에 시은이의 눈이 동그래졌다.

"팅커벨? 팅커벨이 왜 그릇에 구멍을 내?"

드래곤은 마치 팅커벨을 찾듯 고개를 획획 돌리며 심드렁하게 대꾸했다.

"왜긴, 그 구멍 속으로 드나들려고 그러지."

그때 떡국 그릇 구멍에서 빛줄기가 뿜어져 나왔다. 시선을 피했다 다시 바라보자 그릇에 붙은 구멍에서 자그마한 팅커벨이 고개를 쏙 내밀고 있었다.

"쥐꼬리만 한 월급으로 부려 먹으면서 그것도 제때 안 주는 이 악덕 **제국주의**자 놈아. 밀린 월급 내놔!"

팅커벨은 드래곤 주변을 날아다니며 왱왱댔다. 드래곤은 팅커벨이 귀찮은지 날파리 쫓듯 쫓아내려다가, 뜻대로 되지 않자 떡국 그릇을 들었다. 팅커벨을 그릇 안에 가두려는 모

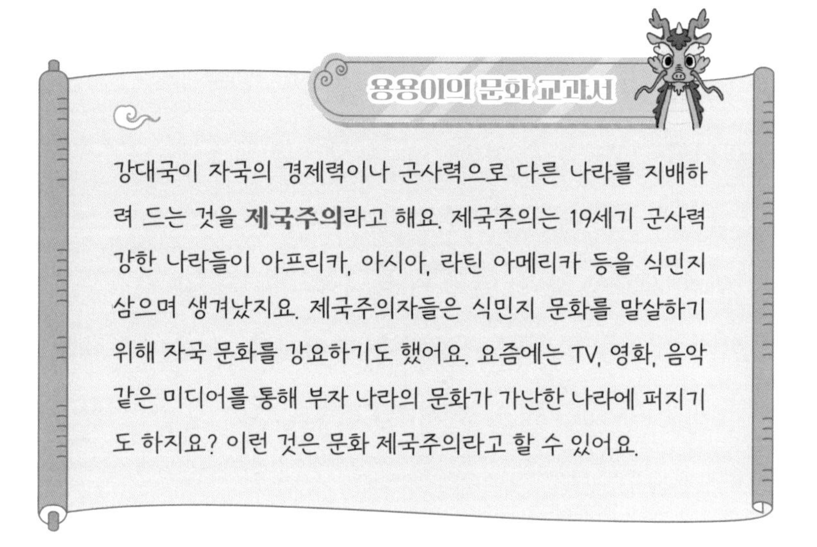

용용이의 문화 교과서

강대국이 자국의 경제력이나 군사력으로 다른 나라를 지배하려 드는 것을 **제국주의**라고 해요. 제국주의는 19세기 군사력 강한 나라들이 아프리카, 아시아, 라틴 아메리카 등을 식민지 삼으며 생겨났지요. 제국주의자들은 식민지 문화를 말살하기 위해 자국 문화를 강요하기도 했어요. 요즘에는 TV, 영화, 음악 같은 미디어를 통해 부자 나라의 문화가 가난한 나라에 퍼지기도 하지요? 이런 것은 문화 제국주의라고 할 수 있어요.

양이었다. 하지만 팅커벨은 요리조리 잘도 피해 다녔다. 그릇을 들고 씩씩거리던 드래곤이 시은이를 향해 외쳤다.

"인간, 너! 위대한 드레이크 님의 하인으로 삼아 주겠다. 영광인 줄 알고 첫 번째 임무를 수행하도록. 그건 바로 저 짜증 나는 요정을 잡아서 내게 바치는 것이다!"

팅커벨은 코웃음을 쳤다.

"밀린 보수나 제대로 지급하라고!"

"이봐, 새로운 하인! 어서 일을 시작하지 못하겠느냐?"

이게 갑자기 무슨 뚱딴지 같은 상황이야? 시은이는 황당해하며 말없이 드래곤을 빤히 바라만 보았다.

"쯧쯧, 감히 주인님을 그리 빤히 쳐다보다니! 버르장머리 없는 것. 새로운 하인에게는 예의부터 가르쳐야겠군."

드래곤이 무서운 눈으로 시은이를 바라보았다. 설마 예의를 가르친다면서 한 대 때리려는 건가? 겁먹은 시은이는 뒤로 한 걸음씩 물러나다 '쿵!' 하고 무언가와 부딪혔다. 뒤돌아보니 용용이가 빙그레 미소 짓고 서 있었다.

시은이는 용용이를 붙잡고 말했다.

"지금 박물관 구경이 중요한 게 아니야! 갑자기 나타난 드래곤이 내 목걸이를 뺏으려고 하더니 이번에는 나를 자기 하인으로 삼겠다고 한다고!"

드래곤은 음흉하게 웃으며, 깜짝 놀란 얼굴로 자신을 바라보는 용용이에게 말을 걸었다.

"잘 있었는가? 내 자네 집에 한번 놀러 온다고 했었지?"

용용이가 고개를 끄덕였다.

"방문은 환영합니다만, 대체 무슨 일이지용? 그릇 안에 있는 건 대체 뭐예용?"

드래곤은 손을 휘휘 저으면서 심드렁하게 대꾸했다.

"날파리라네, 날파리. 신경 쓸 것 없어."

시은이가 냉큼 일러바쳤다.

"팅커벨이야!"

드래곤은 시은이를 노려보았다.

"네 이놈!"

시은이는 용용이 뒤에 숨어 혀를 날름 내밀었다. 깜짝 놀란 용용이는 후다닥 드래곤 쪽으로 달려가서 드래곤의 손아귀 속 그릇을 빼앗았다.

"박물관 손님을 가두다니용! 어서 풀어 주세용!"

용용이가 그릇을 뒤집자, 기절한 듯 쓰러진 팅커벨이 보였다. 시은이도 냉큼 용용이 쪽으로 달려가 손바닥 위에 팅커벨을 올려놓고 걱정스럽게 물었다.

"괜찮아?"

"너라면 괜찮겠니?"

팅커벨의 가느다란 목소리는 화난 듯한 드래곤의 우렁우렁한 목소리에 덮여 잘 들리지 않았다.

"저 녀석이 손님이라니! 저건 나를 따라다니며 귀찮게 하는 놈일 뿐일세."

드래곤이 갑자기 말투를 부드럽게 바꾸었다.

"그보다, 용용이, 자네가 약속하지 않았나. 박물관 안에 있는 것 중 하나를 내게 준다고."

용용이는 선선히 고개를 끄덕였다.

"그랬지용."

드래곤은 갑자기 시은이를 가리키며 외쳤다.

"저 인간을 다오! 용의 약속은 신성한 것. 반드시 지켜야 한다는 우리의 전통을 잊지 않았겠지?"

전혀 예상 못한 요구에 용용이는 당황한 기색이었다.

"아니, 내가 준다고 한 건 박물관의 전시품이에용. 저 손님은 전시품이 아니라고용!"

드래곤은 콧방귀를 뀌었다.

"내 알 바 아닐세! 자네는 유치하게 '용용'거리는 말투나 집어치우고 용답게 약속이나 지키게."

용용이는 이해가 안 된다는 투로 물었다.

"아니 도대체 인간을 데리고 가서 뭘 하려고용?"

드래곤은 씩 사악하게 웃었다.

"팅커벨을 대신해 하인으로 쓸걸세. 보잘것없는 인간에게 무한한 영광인 셈이지."

듣자 듣자 하니 정말 아무 말이나 하는 드래곤이었다. 시은이는 버럭 소리를 질렀다.

"누구 마음대로!"

때마침 팅커벨이 날아올랐다.

"내가 밀린 월급이나 내놓으라고 했지!"

팅커벨의 목소리는 아까처럼 기세등등해져 있었다. 이제 기운을 다 차린 모양이었다. 시은이는 화난 것도 잠시 잊고 팅커벨에게 물었다.

"괜찮아?"

팅커벨은 새침하게 대꾸했다.

"흥, 당연하지. 난 구멍을 뚫고 빠져나올 수도 있었다고."

시은이는 용이니 요정이니 하는 것들은 하나같이 마음에 들지 않는다고 생각하며 미간을 찌푸렸다.

"뭐, 도와주려고 한 건 고마워."

팅커벨의 새침한 감사 인사에 '그래도 드래곤보다는 요정이 좀 낫구나' 싶어진 시은이는 피식 웃었다. 팅커벨은 드래곤 쪽으로 고개를 홱 돌렸다.

"야, 드레이크! 너는 갑옷 입은 기사들이 너를 왜 죽이려고 몰려왔는지도 까맣게 잊은 거야? 밑도 끝도 없이 네 멋대로 구니까 인간들이 견디지 못해서 그런 거잖아!"

드래곤은 콧김을 내뿜으며 외쳤다.

"그때는 하찮은 인간 따위가 감히 나처럼 위대한 드래곤에게 저항하리라 생각지 못해 방심했을 뿐이다!"

팅커벨이 고개를 절레절레 흔들었다.

"얘는 그렇게 혼쭐이 나고서도 정신을 못 차렸네."

드래곤이 큰 콧구멍을 벌렁거렸다. 커다란 콧구멍에서 뜨거운 김이 뿜어져 나왔다.

"쪼그만 녀석이 입만 나불나불, 겁도 없이!"

팅커벨은 겁먹은 기색 하나 없이, 혀까지 차며 드래곤에게 대꾸했다.

"인간들이 왜 신화를 버렸는지 진짜 다 까먹은 거야? 인간은 환상계가 없어도 되지만 우리는 아니라고!"

시은이는 팅커벨에게 물었다.

"그게 무슨 소리야?"

팅커벨이 시은이를 돌아보았다.

"뭐가?"

"인간이 없으면 안 된다는 말이 무슨 뜻이냐고?"

팅커벨 대신 용용이가 대답했다.

"환상계는 인간계와 아주 밀접하게 연결되어 있답니당. 손님도 용이나 드래곤, 요정이 나오는 이야기를 접해 보셨지용?"

팅커벨이 용용이의 말을 이어받았다.

"나 같은 요정, 용이나 드래곤 같은 환상계 생물들은 인간들의 상상력이 사라지지 않는 한 영원히 존재하거든. 단순한 이야기만 전해지던 옛날보다 영상 매체가 발달한 지금 더 영향을 많이 받고 있어."

드래곤은 노래하듯 팅커벨의 말을 이어받았다.

"우리는 영화 속에도, 게임 속에도, 어디에나 있지."

시은이는 고개를 갸웃거렸다.

"상상력이 필요하다고? 그러니까 너희들 말은 지금 이게 다 꿈이라는 거, 맞지? 나도 물론 지금 당연히 꿈꾸고 있다고 생각하긴 했는데……. 물론 신기할 정도로 현실감이 넘치긴 하지만……."

'꿈'이라는 단어에 다급히 다가온 팅커벨은 작은 두 손으로 시은이의 입을 막고 소리쳤다.

"빨리 그 말 취소해! 취소하라고!"

시은이는 당황해서 눈만 깜빡였다. 팅커벨이 왜 이렇게 야단법석인지 알 수 없었기 때문이다. 하지만 팅커벨은 점점 목소리에 기운이 없어지더니 곧 날갯짓까지 잦아들었다. 시은이는 아래로 곤두박질치는 팅커벨을 다급하게 두 손으로 받아 냈다.

“알았어! 방금 한 말 취소할게. 그래, 요정은 살아 있어. 내 손 위에 있잖아. 그렇지?”

드래곤은 팅커벨에게 애원하듯 속삭이는 시은이를 비웃었다.

“보았느냐? 이것이 바로 환상계의 법칙이다.”

시은이는 화난 목소리로 소리쳤다.

“인간 덕에 존재할 수 있다면서 뭐가 저렇게 당당해?”

겨우 눈을 뜬 팅커벨이 나지막하게 중얼거렸다.

“드레이크는 인간계 덕분에 환상계가 존재한다고 생각하는 게 아니라, 환상계가 존재하기 위해 인간계가 필요하다고 생각하거든. **자문화 중심주의**자랄까? 함께 성장해 나가

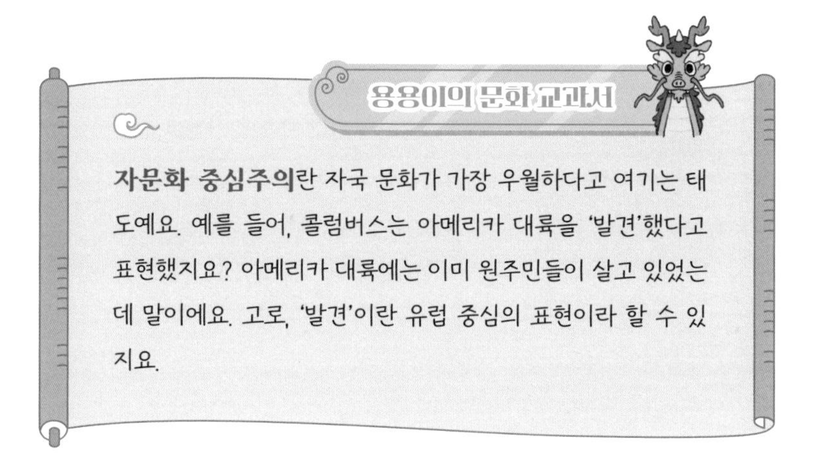

용용이의 문화 교과서

자문화 중심주의란 자국 문화가 가장 우월하다고 여기는 태도예요. 예를 들어, 콜럼버스는 아메리카 대륙을 ‘발견’했다고 표현했지요? 아메리카 대륙에는 이미 원주민들이 살고 있었는데 말이에요. 고로, ‘발견’이란 유럽 중심의 표현이라 할 수 있지요.

는 것에는 관심 없고, 오로지 환상계의 부흥만 중요하다고 생각해."

팅커벨의 말을 들은 드래곤은 크게 소리쳤다.

"팅커벨 네가 인간 문화에 찌든 **문화 사대주의**자인 거다! 인간 남자를 사랑한 것으로도 너는 이미 환상계의 시민 자격 박탈이야!"

드래곤의 말에 화가 났는지 팅커벨의 얼굴이 새빨개졌다. 그제야 바라만 보고 있던 용용이가 끼어들었다.

"둘 다 제발 그만 진정하세용."

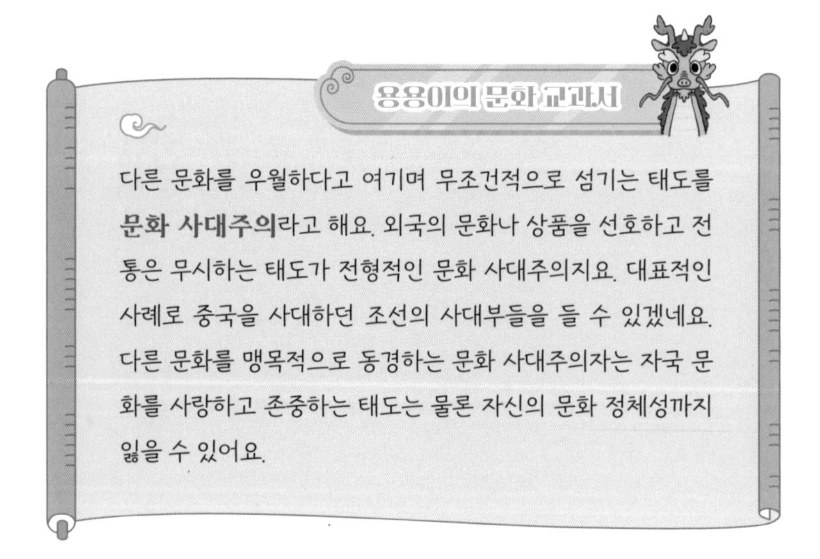

용용이의 문화 교과서

다른 문화를 우월하다고 여기며 무조건적으로 섬기는 태도를 **문화 사대주의**라고 해요. 외국의 문화나 상품을 선호하고 전통은 무시하는 태도가 전형적인 문화 사대주의지요. 대표적인 사례로 중국을 사대하던 조선의 사대부들을 들 수 있겠네요. 다른 문화를 맹목적으로 동경하는 문화 사대주의자는 자국 문화를 사랑하고 존중하는 태도는 물론 자신의 문화 정체성까지 잃을 수 있어요.

드래곤은 용용이를 노려보며 천둥 같은 소리로 외쳤다.

"네 놈은 도대체 누구 편이냐! 내 편이냐, 아니면 하찮은 요정과 인간 편이냐!"

용용이는 당황한 듯 대답 대신 딸꾹질을 했다. 보다 못한 시은이가 끼어들었다.

"용용이는 환상계가 우월하다고도, 그렇다고 인간계가 대단하다고 생각하지도 않아! 그냥 다른 문화라고 생각하고 존중하겠지. 그게 박물관 관장이 지녀야 할 **문화 상대주의**적인 태도니까!"

용용이는 감동받은 표정으로 씩씩거리는 시은이를 바라보았다.

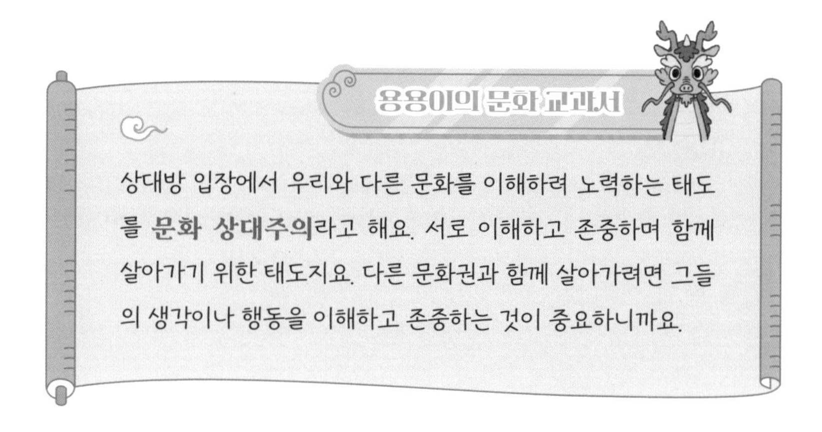

용용이의 문화 교과서

상대방 입장에서 우리와 다른 문화를 이해하려 노력하는 태도를 **문화 상대주의**라고 해요. 서로 이해하고 존중하며 함께 살아가기 위한 태도지요. 다른 문화권과 함께 살아가려면 그들의 생각이나 행동을 이해하고 존중하는 것이 중요하니까요.

"손님……."

머쓱해진 시은이는 화제를 아예 다른 곳으로 돌렸다.

"나 집으로 돌아가고 싶어. 이만 돌려보내 줘."

정말로 이제 그만 집에 돌아가고 싶었다. 오늘 겪은 일을 말해 주면 엄마는 내 말을 믿을까? 엄마가 뭐라고 할지, 시은이는 진심으로 궁금했다.

"어딜! 너는 내 하인으로 일해야 하니 환상계에 남아 있어야 한다!"

시은이는 멍청한 드래곤의 헛소리를 가볍게 무시하기로 마음먹고, 그쪽은 쳐다보지도 않았다. 용용이도 드래곤의 말은 들은 체 만 체하며, 시은이를 향해 고개를 끄덕였다.

"당연히 돌려보내 드려야죵! 그런데 그전에 하나 묻고 싶은 게 있어용!"

시은이는 힘 빠진 목소리로 물었다.

"뭐?"

"우리 박물관에 오시기 전에 어떤 일이 있었나요? 어떻게 오게 되신 거지용?"

시은이는 박물관 입구에 도착하기 전까지의 기억을 더듬었다.

"선물 받은 부적 카드가 날아가 버려서 그걸 주우려다가……."

용용이의 눈이 커졌다.

"부적 카드?"

지구촌관

세계의 용

동서양을 가리지 않고 강력한 힘을 가진 존재로 묘사되는 용의 이야기에는 각 문화의 특성이 담겨 있다네. 지금부터 용을 통해 각 문화권에서 무엇이 중요하게 여겨졌는지 알아보세나.

우리나라: 물과 왕권의 상징

우리나라에서는 용을 주로 물의 신으로 모셔 왔네. 경복궁 경회루에서 출토된 용 조각상도 물을 다스려 화재를 막아 주는 존재로 여겨졌지. 연못에 물을 상징하는 청동용을 넣기도 했다네. 한편, 곤룡포에 그려진 용은 왕의 절대적인 권력과 힘을 나타내는 상징이었고 말이야.

곤룡포, 국립고궁박물관

동아시아: 절대 권력의 상징

중국에서는 황제를 상징하는 용만 발톱이 다섯 개였지. 그 외의 사람들은 네 개 또는 세 개의 발톱만 사용할 수 있었다네. 이는 용의 발톱 개수를 통해 권력자의 신분을 구분하려던, 고대 중국만의 독특한 문화라고 할 수 있을 거야.

일본 신화에는 여러 개의 머리와 꼬리를 가진 야마타노오로치라는 용이 등장하는데, 이는 고대 일본 사람들이 생각하던 자연의 위대함과 신비로움을 상징한다고 볼 수 있겠지.

동남아시아, 남아시아: 신성한 수호자

캄보디아나 태국, 인도 등의 전통 건축물에서는 머리에 뿔이 달린 코브라나 여러 마리 용이 부채살처럼 퍼져 있는 조각상을 볼 수 있다네. 이 같은 뱀이나 용의 형상을 '나가'라고 한다지? 나가 조각상의 독특한 점은 종종 상체가 사람인 모습도 발견된다는 거야. 보통 물과 관련된 신적인 존재로 여겨지는 나가는 인간과 신의 세계를 연결하는 신성한 수호자로 받들어진다더군.

유럽:
불을 뿜는 거대한 능력자

유럽에서는 용을 드래곤이라고 한다지? 거대한 날개와 날카로운 이빨, 불을 뿜어내는 탐욕스러운 괴물로 묘사되곤 한다고 들었네. 반짝이는 보물을 좋아하는 것이 특징이라고 하더군. 이에 기사들이 드래곤을 물리치는 이야기가 많다던데, 정말 그런가? 그렇다고 유럽의 모든 나라가 드래곤을 악하게 생각하는 것은 아니네. 이를테면 웨일스는 나라를 지키는 상징으로 빨간 용을 국기에 그려 넣었지.

아즈텍과 마야, 오세아니아:
신성한 창조의 신

아즈텍과 마야 문명에서는 케찰코아틀과 쿠쿨칸이라는 용이 신의 역할을 했다네. 깃털 달린 뱀의 형태로 묘사되곤 하는 이 용들은 주로 창조와 관련된 신성한 존재로 여겨졌다고 하더군.

오세아니아의 용이라고도 할 수 있는 무지개 뱀은 창조 신화에 등장하는데, 강과 물의 흐름을 조절하는 능력을 가졌다고 믿어졌지. 또한 꼬리로 무지개를 만들어 낼 수 있다고도 전해졌다네.

5
내 입장도
생각해 줘
제 5 관
지속 가능한 발전관
모두를 위한 발전

“그래! 솟을대문이 그려진 카드!”

시은이의 외침에 용용이가 눈을 반짝였다.

“오, 부적 카드가 인간을 여기까지 안내해 주다닝! 처음 있는 일이에용! 신난당!”

용용이는 박물관을 홍보할 새로운 방법을 찾았다며 흥분한 기색을 감추지 못했다. 한참 동안 앞으로 인간들과 자주 만날 수 있겠다며 좋아하던 용용이는 드디어 시은이가 기다리던 말을 했다.

“그럼 이제 돌려보내 드릴게용!”

용용이의 말이 끝나기도 전에 드래곤이 끼어들었다.

"잠깐!"

시은이는 드래곤을 바라보았다. 드래곤은 불만 섞인 표정으로 볼을 크게 부풀리고 있었다.

"아까도 말했듯이 나는 하인이 필요하고, 용용이 너는 내게 박물관에 있는 것 중 하나를 주겠다고 했다. 그러니 나는 저 인간을 데리고 가겠다!"

용용이는 당황스러운 기색을 감추지 못했다.

"아까도 말했지만, 이 손님은 박물관 전시품이 아니에용. 내가 주겠다고 한 건 전시품이라고용!"

"아까도 말했지만, 내 알 바 아니다!"

정말로 말이 안 통하는 드래곤이었다. 집에 돌아가려면 저 멍청한 드래곤을 포기시켜야 한다는 사실에 시은이는 머리가 아파 왔다. 더 골치 아픈 것은, 드래곤도 시은이를 설득해야만 본인이 원하는 바를 이룰 수 있다는 사실을 드디어 깨달았다는 것이다. 드래곤은 시은이에게 은근한 목소리로 다정하게 말을 붙였다.

"이봐, 인간. 어쩌면 네가 환상계와 인간계를 연결하는 존재가 될 수도 있지 않겠느냐?"

시은이는 대체 뭐라고 하는지 들어나 보자는 마음이 들어 이렇게 되물었다.

"하나가 된다고?"

드래곤은 고개를 끄덕였다.

"예전에는 인간과 우리 환상계가 서로 만날 기회가 적었지. 하지만 아까도 말했듯이, 요즘은 아주 크게 영향을 주고받아. 같은 세계를 공유하는 **세계 시민**으로서 이제 우리 모두 각자 제 역할을 다해야 하지 않을까?"

팅커벨이 코웃음을 쳤다.

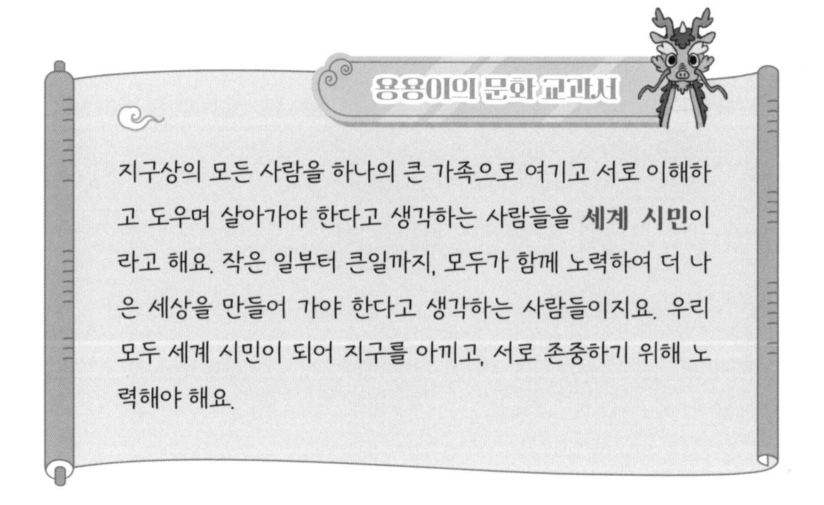

용용이의 문화 교과서

지구상의 모든 사람을 하나의 큰 가족으로 여기고 서로 이해하고 도우며 살아가야 한다고 생각하는 사람들을 **세계 시민**이라고 해요. 작은 일부터 큰일까지, 모두가 함께 노력하여 더 나은 세상을 만들어 가야 한다고 생각하는 사람들이지요. 우리 모두 세계 시민이 되어 지구를 아끼고, 서로 존중하기 위해 노력해야 해요.

"그 역할이라는 게 바로 네 하인이냐?"

용용이도 작게 중얼거렸다.

"15세 미만 어린이에게 시키는 노동은 아동 학대예용."

드래곤은 으르렁거렸다.

"인간계의 법 따위 내 알 바 아니다!"

시은이는 고개를 절레절레 흔들며 되물었다.

"세계 시민? **세계화**라도 할 셈이야?"

드래곤은 의기양양하게 고개를 끄덕였다.

"맞아! 인간의 상상 속에 자주 등장하면 등장할수록 우리는 힘이 더 세지거든. 예전에는 공주를 납치하거나 동굴에서 보석을 깔고 누워 자는 게 다였는데, 요즘은 무척 다양한

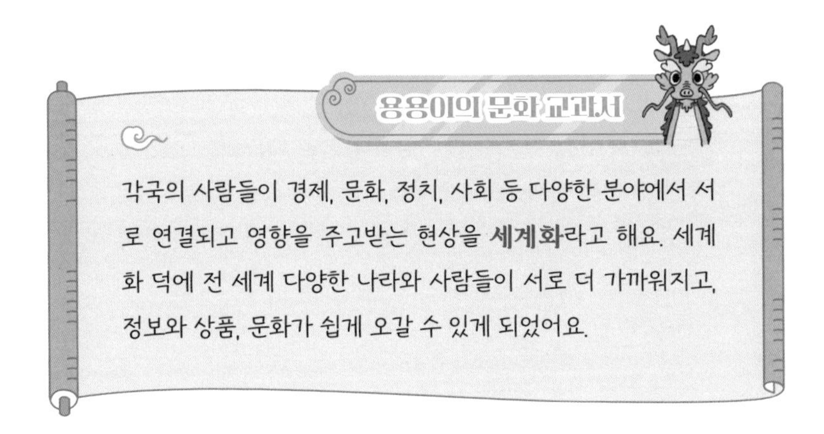

각국의 사람들이 경제, 문화, 정치, 사회 등 다양한 분야에서 서로 연결되고 영향을 주고받는 현상을 **세계화**라고 해요. 세계화 덕에 전 세계 다양한 나라와 사람들이 서로 더 가까워지고, 정보와 상품, 문화가 쉽게 오갈 수 있게 되었어요.

일을 할 수 있다고! 부릴 수 있는 마법도 늘어났지. 게임이 유행하면서 내 힘이 엄청 세졌어! 그러니까 환상계와 인간계의 세계화도 가능해질 거야."

팅커벨은 시은이의 귓가에 다가와 속삭였다.

"저놈이 말하는 세계화는 순전히 자기 입맛대로 주인 노릇을 하고, 나머지 다 자기 말을 듣게 만들겠다는 거야. 저 자식 머릿속에는 **지구촌**이라는 개념도 없을걸."

귀가 어마어마하게 좋은지, 드래곤은 팅커벨의 말이 끝나기도 전에 끼어들었다.

"세계에는 질서라는 게 있는데, 그걸 하찮은 인간 따위에

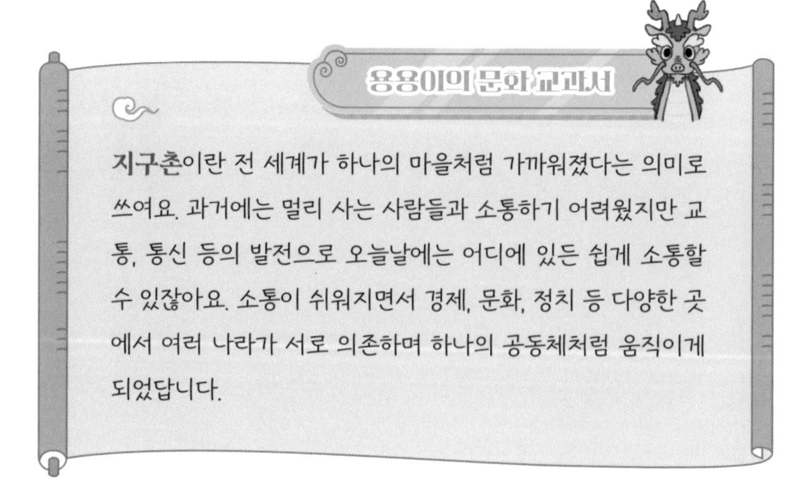

용용이의 문화 교과서

지구촌이란 전 세계가 하나의 마을처럼 가까워졌다는 의미로 쓰여요. 과거에는 멀리 사는 사람들과 소통하기 어려웠지만 교통, 통신 등의 발전으로 오늘날에는 어디에 있든 쉽게 소통할 수 있잖아요. 소통이 쉬워지면서 경제, 문화, 정치 등 다양한 곳에서 여러 나라가 서로 의존하며 하나의 공동체처럼 움직이게 되었답니다.

게 어찌 맡겨 둔단 말이냐! 바쁘고 힘들어도 이 몸이 두 세계를 이끌어야 하지. 그것이 힘을 가진 우리의 드래곤의 신성한 의무니까."

드래곤은 정말 편협하고 이기적인 놈이었다. 상대방을 존중하거나 배려할 생각은 눈곱만큼도 없다는 게 말 마디마디마다 아주 잘 느껴졌다. 시은이는 더 이상 참을 수가 없어 날카롭게 쏘아붙였다.

"세계화가 어떻게 가능해졌는지 알기나 하나 모르겠네!"

시은이의 말에 드래곤이 파충류 같은 눈을 두어 번 끔벅였다. 시은이는 기가 막혔다.

"설마, 생각해 본 적도 없는 거야?"

드래곤의 동공이 가늘어지는 모습에 시은이는 등 뒤에 식은땀이 흘렀지만, 최대한 당당하게 드래곤을 쏘아보았다. 드래곤은 주위를 휘둘러보며 말했다.

"나뿐 아니라 용용이, 팅커벨도 모를 텐데! 감히 나에게 그런 말을 하다니!"

이 말에 팅커벨이 발끈하며 날아올랐다.

내가 왜 몰라!
비행기, 배 등 교통수단이
발전한 덕이잖아!
먼 곳까지 오가기
쉬워졌으니 다른 나라와
교류하기도 편해졌고!
교통 발달이 다양한
문화의 교류 기회를 늘려 준 건
부정할 수 없지용.
통신 기술의 발달도
무시할 수 없지만용.
인터넷의 발전 덕에
전 세계가 실시간으로
소통하고 있으니까?

SNS를 통해 전 세계가
서로의 문화를 쉽게 접할 수 있게
된 것도 무시 못하겠룡.
'지구촌'은 그렇게
완성된 거랍니당.

“그 덕에 우리나라 콘텐츠가 전 세계 사람들에게 공유되고, 인기를 끌고 있다고!”

자랑스럽게 말을 마친 시은이는 어쩐지 기운이 빠졌다.

“나 빨리 돌려보내 줘.”

시은이의 재촉이 끝나기도 전에 용용이 주변에 커다란 불의 고리가 생겨나더니 몸통 주위를 빙글빙글 돌았다. 용용이가 소리쳤다.

“이, 이게 무슨 짓이에용!”

드래곤은 흥, 콧방귀를 끼더니 시은이를 돌아보았다.

“내 말을 듣지 않겠다면 듣게 만들 수밖에!”

팅커벨도 이미 용용이처럼 밧줄 같은 불의 고리 안에 갇혀 있었다. 시은이는 도망가려고 했지만, 손가락 하나도 움직일 수 없었다. 마치 마법에 걸린 것 같았다.

“일단 들어올 수 있었으니, 너도 환상계 시민이 될 자격은 충분하다. 시민이 되려면 직업도 있어야겠지. 하하하!”

팅커벨이 빽 소리를 질렀다.

“야! 이건 그냥 인신매매잖아!”

용용이도 발을 동동 구르며 드래곤에게 외쳤다.

"인간계를 좀 더 소중하게 여겨야지용! 그래야 인간계에 의존하는 환상계에도 **지속 가능성**이 생긴다고용!"

드래곤은 아무 말도 못 들은 것처럼 불의 고리 속 팅커벨을 낚아챈 뒤 입김을 후 불었다. 몸이 뻣뻣하게 굳은 팅커벨은 볼펜이 되고 말았다.

시은이는 자기 손안으로 날아온 팅커벨 펜을 억지로 움켜쥐었다. 아무래도 드래곤이 마법으로 움직이게 만드는 모양이었다. 곧이어 시은이 앞으로 종이 한 장이 날아왔다. 드래곤은 음흉하게 웃더니 시은이에게 명령조로 말했다.

"인간 소녀야, 어서 계약서에 사인하라."

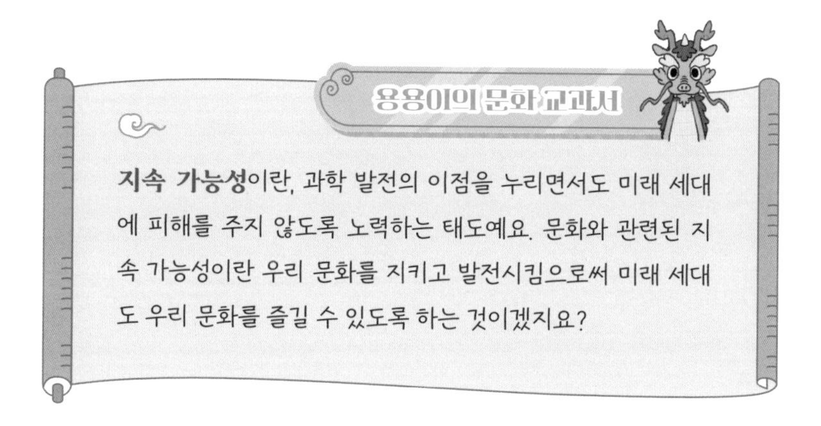

나는 환상계의 시민이 되고자 한다.

위대하신 드레이크 님이 축복을 내려 하인으로 삼아 주셨으니, 나는 감사한 마음으로 드레이크 님의 하인이 되어 평생을 봉사할 것을 맹세한다. 하인이 될 나는 아래 사항을 절대로 지킬 것을 맹세한다!

□ 드래곤 님 식사 꼬박꼬박 챙기기!

□ 드래곤 님 심부름 잘하기!

□ 드래곤 님에게 인간계 지식 전달하기!

서명 ____________________

용용이가 소리쳤다.

"손님! 절대 서명하면 안 돼용! 제가 어떻게 해서든……. 아, 어떻게 해야 하지? 누가 이 불의 고리를 벗어나게 해 준다면……."

드래곤은 여유롭게 웃으며 이빨을 드러냈다.

"어서 서명해야지?"

시은이는 서명하지 않으려 안간힘을 썼지만, 소용없었다. 손만 부들부들 떨릴 뿐이었다.

서명 조 ㅅ

마법의 힘에 밀려 어쩔 수 없이 성을 쓰고 말았을 때, 이를 본 용용이가 큰 소리로 외쳤다.

"손님, 혹시 본관이 김제 조씨인가용?"

드래곤이 고개를 갸우뚱했다.

"본관? 그게 뭐냐?"

"예전부터 인간들은 원래 자기 친척들끼리 모여 살았거든용. 그중에서도 첫 번째 조상들이 살았던 고향을 성에 붙여 본관으로 삼았지용. 어쨌든 시은 학생! 본관이 뭔가요?"

시은이는 악을 쓰듯 대꾸했다.

"김제 조씨 맞아! 근데 그게 뭐?"

시은이의 대답이 끝나자마자 용용이는 씩 웃으며 이렇게 외쳤다.

"드레이크 씨는 이제 망했지용! 곧 수호자가 나타날 거니까용! 유럽에서는 용 사냥꾼, 드래곤 슬레이어(Dragon Slayer)라고 하던가용?"

곧 커다란 소리와 함께 연기가 피어올랐다. 연기 속에서 커다란 발이 보이더니 바닥을 쿵 하고 찍었다. 그 한 걸음에 박물관이 흔들거렸다. 곧이어 옛 무사의 갑옷을 입고 등장한 사람은 허리께의 커다란 칼을 금방이라도 뽑을 듯이 잡고 있었다. 그가 용용이를 바라보며 외쳤다.

나는 용의 수호자 조연벽이다.
벽골제의 청룡은
어찌 나를 용 사냥꾼이라 하느냐?

드래곤이 의아한 표정으로 물었다.

"저 인간은 누구냐?"

용용이는 드래곤에게 대답하는 대신 조연벽에게 외쳤다.

"저기 저 뚱뚱한 파충류가 그대의 후손을 꽁꽁 묶어 놓고, 하인, 그러니까 노예 계약서에 서명시키고 있어용!"

무사 조연벽은 부들부들 손을 떨고 있는 시은이와 그 앞에 놓인 종이를 한 번 휙 둘러보았다.

"오래된 벗인 용이 어찌 나의 후손을 핍박한단 말인가?"

이어서 한칼에 마법 계약서를 푹 찢어 버렸다. 당황한 드래곤은 양 날개를 좌우로 쫙 펼치며 소리쳤다.

"감히 네 놈이, 어떻게 내 마법을!"

계약서가 사라지자 시은이의 몸이 정상적으로 돌아왔다. 뻣뻣해진 손목을 털자 손에 들려 있던 팅커벨 펜이 바닥으로 뚝 떨어졌다.

"여기 불의 고리에도 화살 한 방만!"

용용이의 말에 드래곤이 조연벽 앞을 가로막았다.

"어림없지."

조연벽은 드래곤에 맞서 칼을 높이 치켜들었다. 드래곤은 불을 내뿜었다.

"어리석은 인간아, 감히 용들의 세계에 끼어들지 마라!"

조연벽이 불꽃을 막자 칼날에 불꽃이 휘감겼다.

"내 칼에 불꽃이 휘감긴 걸 보니, 그대는 그 옛날 벽골제의 청룡을 쫓아내려던 백룡과 같은 악룡이로군."

조연벽이 중얼거리자, 용용이가 잽싸게 끼어들었다.

"조 장군의 화살에 못된 백룡은 끽! 하고 맛이 갔지용? 저 못된 드래곤도 매운맛을 봐야 해요!"

드래곤은 성난 목소리로 외쳤다.

"청룡, 네 놈은 옛날 옛적부터 인간에게 빌붙어 살아왔나 보구나!"

용용이는 큰 소리로 대꾸했다.

"비록 지금은 힘이 부족해 말끝마다 용용거리지만, 나는 위대한 벽골제 청룡의 후손임을 잊지 않았어용! 그 옛날 우리 선조님께서 인간에게 도움을 청한 것은 함께 벽골제를 지켜 나가기 위해서였어용. 혼자 잘났다고 뻗대다가 벽골제를 악룡에게 빼앗기면 그건 모두에게 재앙이니까용. 힘을 합쳐 어려움을 이겨 나가는 건 당연한 일이 아닌가용!"

그때 여전히 펜 상태인 팅커벨이 드래곤의 몸통에 날카롭게 꽂혔다.

"감히 나를 볼펜으로 만들어? 볼펜으로? 볼펜으로?"

말랑하던 몸이 단단한 볼펜이 되어서 그런 건지, 아니면 볼펜이 되었다는 사실에 분노하여 힘이 솟아난 건지 알 수 없었지만, 볼펜이 된 팅커벨은 아주 강해 보였다.

"악, 악, 악! 이게 뭐야?"

드래곤은 팅커벨의 공격에 방정맞게 폴짝폴짝 뛰다가 입에서 불을 내뿜었다. 조 장군은 그 틈에 어디에서인가 마법처럼 꺼낸 활로 화살을 날려 용용이의 몸을 휘감고 돌던 불의 고리를 단숨에 날려 버렸다.

"감사해용!"

조 장군에게 감사를 표한 용용이는 금세 거대해지더니 커다란 먹구름을 불러들였다. 곧 거대한 물줄기가 드래곤에게 쏟아졌다.

커다랗게 변한 용용이는 위엄 있는 목소리로 드래곤을 꾸짖었다.

"지금 내 집을 다 불태우려는 것이냐! 가만두지 않겠다!"

뜨거운 기운 때문인지 물줄기는 금방 뿌연 수증기로 변해 버렸다. 둘의 싸움은 한 치 앞을 알 수 없을 만큼 격렬했다.

'우리 조상님이라고 했지. 조연벽 장군님.'

한 치 앞도 안 보이는 안개 속에서 시은이가 조상님에게 물었다.

"팅커벨은 괜찮을까요?"

조연벽은 다정하게 되물었다.

"너는 괜찮은 것이냐?"

시은이는 고개를 끄덕였다. 잘되면 조상 덕이라더니, 진짜 조상 덕을 볼 줄이야!

"네. 좀 놀라긴 했지만."

대답을 마치기도 전에 우르르 쾅쾅 소리와 함께 천둥이 치더니 곧 번개가 번쩍였다.

"더 이상 내가 끼어들 일이 아닌 것 같군."

조연벽은 정신이 하나도 없는 시은이의 손을 붙잡고 내달렸다.

"후손, 이쪽이다."

조상님을 따라 박물관 바깥으로 뛰어나간 다음 바라보니 하늘에서는 커다란 용오름이 치솟고, 그 안에서는 붉은 불꽃이 팍팍 튀고 있었다. 조연벽은 시은이를 박물관 앞 정원에 있는 작은 연못으로 끌고 가더니 이렇게 말했다.

"환상계에서 빠져나가려면 이 연못에 뛰어들어야 한다."

"예? 연못에요?"

시은이는 깜짝 놀랐다. '빠져 죽는 건 아닐까?' 무서웠기 때문이다. 하지만 눈치 없는 조상님은 시은이의 마음도 모르고, 태평하기만 했다.

"걱정 마라, 조금도 위험하지 않으니."

그래도 도저히 연못에 우선 뛰어들 용기가 나지 않았다. 주저하는 시은이의 모습에 무사 조연벽이 혀를 찼다.

"쯧쯧, 어찌하여 이렇게 겁이 많단 말인가? 정녕 나의 후손이 맞는가?"

시은이는 발끈했다.

"겁이 많은 게 아니고…… 신중한 성격인 거예요! 물길 말고, 걸어서 가는 길은 없어요?"

"없다."

무사 조연벽은 시은이를 연못으로 밀어 버렸다.

지속 가능한 발전관

모두를 위한 발전

모두가 행복하게 살 수 있는, 건강한 지구를 만들기 위해 유엔(UN)에서는 총 열일곱 개의 목표를 세웠다네. 현시점 인류에게 중요한 일들을 나타내는 이 목표들은 서로 연결되어 있지. 한 가지를 해결하면 다른 것들도 자연스럽게 좋아지는 식이야. 네 번째 조각인 '양질의 교육'을 통해 모든 사람이 더 나은 일자리를 가질 수 있다면, 첫 번째 조각인 '빈곤 종식'에 가까워지는 식이랄까?

유엔의 지속 가능 발전 목표

1. 빈곤 종식
2. 기아 종식
3. 건강과 질병
4. 양질의 교육
5. 성 평등
6. 깨끗한 물과 위생
7. 모두를 위한 깨끗한 에너지
8. 양질의 일자리와 경제 성장
9. 산업, 혁신, 사회 기반 시설
10. 불평등 감소
11. 지속 가능한 도시와 공동체
12. 지속 가능한 생산과 소비
13. 기후 변화와 대응
14. 해양 생태계 보존
15. 육상 생태계 보호
16. 정의, 평화, 효과적인 제도
17. 지구촌 협력

문화적 지속 가능한 발전의 방법

지속 가능한 발전을 통해 우리의 문화와 전통을 지키면서 앞으로 그 가치를 이어갈 수도 있다네. 우리나라의 전통 가옥인 한옥을 예로 들어 볼까? 요즘에는 자연과 어울리게 지어진 한옥의 지혜를 현대 건물에 활용하기도 한다더군. 옛것의 좋은 점을 새로운 것에 적용하며 지속 가능한 발전을 일구는 셈일세.

지구촌이라는 퍼즐

인간은 현재 모두 함께 '지구촌'이라는 커다란 퍼즐을 맞추고 있다고 볼 수도 있네. 이 퍼즐을 다 맞추면 모든 사람이 행복하고 건강하게 살 수 있지. 그러니 이 퍼즐을 맞추기 위해 다른 나라의 문화를 존중하고, 공정한 거래를 통해 이익을 나누고, 환경을 보호하면서 함께 발전하는 방법을 찾으며 계속 노력해야 하네.

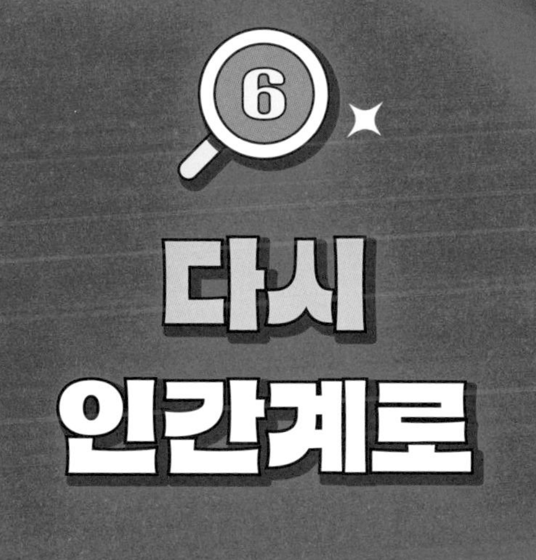

6 다시 인간계로

제 6 관

문화 지킴이관

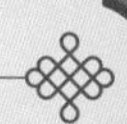

유네스코 문화 다양성 협약

"어푸푸!"

연못에서 정신없이 팔다리를 허우적거리는데, 누군가 시은이의 뒷덜미를 낚아챘다. 거대해진 용용이의 등허리에 앉은 조상님이었다. 조상님의 도움으로 시은이도 등 위에 올라타자 용용이는 하늘 높이 날아올랐다. 조연벽이 외쳤다.

"가자, 인간계로!"

정신을 차린 시은이는 용용이에게 물었다.

"싸움은 끝났어요?"

시은이는 씩 웃기만 하는 용용이에게 다시 물었다.

“이겼어요?”

용용이는 거들먹거리며 대답했다.

“입에서 불이 꺼지니까 꽁지에 불붙은 망아지마냥 달아나더군요.”

시은이는 안심하고 고개를 끄덕이다 새삼 불안해졌다.

“여긴 어디죠?”

조연벽이 대답해 주었다.

“한반도에서 가장 오래된 저수지, 김제 벽골제다. 대대로 용용이의 조상들이 살았던 고향이지.”

저수지 주변에서 수많은 천막이 늘어서 있었다. 축제 준비가 한창인지 사람들이 다양한 연등을 저수지에 띄우고 있었다. 조연벽이 흐뭇한 어조로 읊조렸다.

“요즘에는 지역 경제를 살리겠다며 축제를 많이 열더군.”

용용이는 넓은 광장에 조 장군과 시은이를 내려 주었다.

“저는 이만 돌아가 보겠습니다. 시은 학생에게는, 험한 꼴을 보게 만든 점 진심으로 사죄드립니다.”

“여기서 조금 같이 놀다 가면 안 돼?”

시은이는 돌아가려는 용용이를 붙잡았다. 축제가 너무 재미있어 보였기 때문이다. 솜사탕도 나눠 먹고, 사물놀이도 같이 구경하면서 용용이와 이야기를 나누고 싶었다. 팅커벨까지 있다면 서양 축제인 카니발(Carnival)과 어떤 점이 비슷하고, 또 다른지도 이야기 나눌 수 있을 텐데.

"혹시라도 드레이크가 돌아와 행패를 부릴까 봐 걱정이라서요. 관장으로서 박물관을 지켜야 하잖아요."

용용이는 아쉽다는 듯한 말투로 대답한 뒤에 조 장군에게도 인사했다.

“대대손손 후손을 지켜 드리겠다고 약속했으면서, 장군님께 도움을 받았네요. 죄송하고, 또 감사합니다. 그리고 저…… 드레이크를 너무 나쁘게만 생각하지는 말아 주세요. 아마 너무 오래 혼자 지낸 탓에 괜한 심술을 부리느라 그랬던 걸 거예요."

그때 시은이의 주머니에서 팅커벨이 톡 튀어나왔다.

"무슨 소리야! 드레이크 그 녀석은 더 혼쭐이 나야 해!"

시은이는 원래 모습으로 돌아온 팅커벨에게 물었다.

"여기는 어떻게 온 거야?"

팅커벨은 새침하게 대꾸했다.

"한참 싸움 중일 때, 슬그머니 네 주머니에 들어갔지."

시은이는 깜짝 놀랐다.

"전혀 몰랐어!"

팅커벨은 씩씩대며 말했다.

"덩치 하나만 믿고 나처럼 작은 요정한테 함부로 대하는 그 녀석이 너무 미워!"

용용이는 필사적으로 드래곤을 변호했다.

"진심은 아니었을 거예요……. 장난이었을지도……."

팅커벨은 빽 소리를 질렀다.

"납치가 장난이야?"

용용이가 웅얼웅얼 대꾸했다.

"드레이크가 정말로 납치를 한 건 아니니까……."

팅커벨은 다시 빽 하고 소리를 질렀다.

"저 조상님이 없었으면 이 아이는 꼼짝없이 그 살벌한 계약서에 사인할 뻔했잖아! 드레이크 그 자식은 아이들을 납치해서 노예로 팔아먹는 후크 선장 같은 놈이야!"

팅커벨은 눈을 빛내며 시은이에게 말을 걸었다.

"얘, 드레이크를 재판에 넘기자. 네가 고소하겠다면 우리 요정 연합에서 책임지고 그 녀석을 혼내 주겠어!"

시은이는 그제야 팅커벨이 몰래 자기 주머니 속에 숨어든 이유를 깨달았다. 못된 드래곤을 재판에 세우기 위해서였다! 시은이는 더 이상 환상계와 엮이고 싶지 않았지만, 팅커벨은 끈덕지게 달라붙었다.

"혹시 또 다른 아이를 납치하려고 하면 어떻게 해? 다른 아이가 위기에 처해도 괜찮아?"

어쩔 줄 몰라 하는 시은이를 보고 용용이가 끼어들었다.

"드레이크는 인간계 아이들을 납치할 능력이 없습니다.

그런 일은 제가 책임지고 막겠습니다."

팅커벨의 입이 삐죽 튀어나왔다. 증인까지 발견했는데 이대로 포기하라니? 절대 그럴 수는 없다는 표정이었다.

"고소하자! 제발! 응?"

"자네들은 이제 그만 돌아가 보시게나."

시은이, 용용이를 대신해 조연벽이 상황을 정리하자 팅커벨은 흥 콧방귀를 뀌고는 어디론가 날아가 버렸다. 용용이는 두 사람을 번갈아 바라보더니 짧은 인사를 건넸다.

"그럼 안녕히."

곧 맑은 하늘에 용 꼬리 같은 구름이 길게 늘어졌다. 시은이는 그 모습을 물끄러미 바라보다 조상님을 돌아보았다. 조연벽은 주변을 둘러보다 말했다.

"여기까지 온 김에 우리는 축제 구경이나 하다가 갈까?"

"저는…… 집에 가야 하는데……."

조연벽은 우물우물 대답하는 시은이의 어깨를 다정하게 토닥였다.

"곧 데려다주마. 내가 또 언제 후손과 축제 구경을 할까

싫어 그런다."

결국 시은이는 조상님과 김제의 축제 현장을 돌아다니기 시작했다. 먹거리 장터에 판소리 공연과 전통 무용 공연, 연극을 올릴 무대 준비까지 축제는 풍성하기 그지없었다. 한편에는 줄다리기 행사용으로 보이는 커다란 줄도 놓여 있었다. 벽골제를 뺏으려는 백룡과 원래 머무르던 청룡이 싸우는 이야기를 줄다리기 행사로 재현하려는 듯했다.

"벽골제 쌍룡 놀이라니, 와! 김제는 벽골제가 지역 축제의 콘텐츠로군요."

시은이의 중얼거림에 조연벽은 고개를 끄덕였다.

"어느 지역이나 전해 내려오는 **문화유산**이 있지."

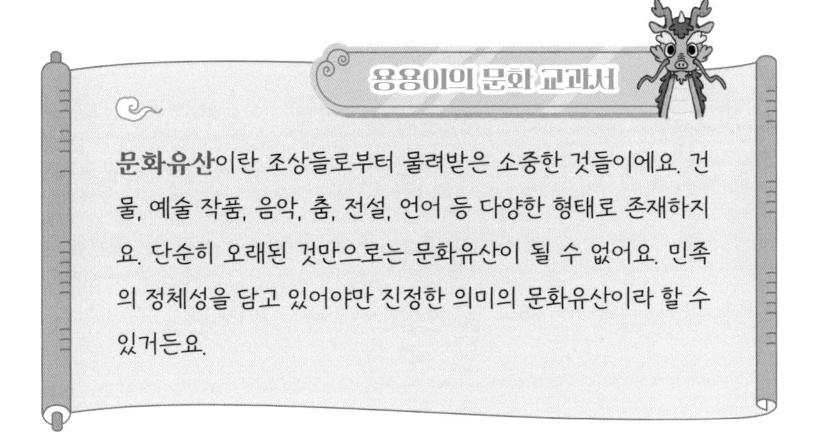

용용이의 문화 교과서

문화유산이란 조상들로부터 물려받은 소중한 것들이에요. 건물, 예술 작품, 음악, 춤, 전설, 언어 등 다양한 형태로 존재하지요. 단순히 오래된 것만으로는 문화유산이 될 수 없어요. 민족의 정체성을 담고 있어야만 진정한 의미의 문화유산이라 할 수 있거든요.

오래된 저수지와 그에 얽힌 이야기 등 다양한 문화유산이 오늘날까지 내려온다니! 시은이가 다른 지역에는 어떤 문화유산들이 있을지 궁금해하고 있을 때였다. 조상님이 빤히 들여다보고 있는 축제 안내문을 슬쩍 넘겨보니 그림 속에서 두 마리의 용이 싸우고 있었다.

"우아, 연극도 하나 봐요! 여기에 활 쏘는 조상님도 나오겠네요?"

시은이의 질문에 무사 조연벽은 고개를 저었다.

"내 이야기가 아니라 단야 아가씨 이야기인걸?"

시은이는 안내문에 실린 '벽골제를 지킨 단야 아가씨' 연극의 줄거리를 읽어 보았다. 어쩐지 마음이 뭉클해지는 이야기였다.

"단야 아가씨가 자신을 희생해서 벽골제를 지킨 건가요? 사랑하는 사람의 약혼녀를 대신해서요?"

"고대 백제 시대에 지어진 벽골제는 고려, 조선 시대에도 여러 번 보수 공사했지. 전설은 시대에 따라 조금씩 달라지기 마련이다. 한 사람의 영웅이 요구되는 시대에는 영웅 이

오래된 벽골제가 붕괴 위험에 처하자 나라에서 기술자 원덕랑을 보낸다. 김제 태수의 딸 단야는 원덕랑에게 한눈에 반하지만, 원덕랑에게는 이미 약혼녀가 있다. 한편, 청룡과 백룡의 싸움으로 벽골제 보수는 점점 더 힘들어지고, 이에 태수는 남몰래 원덕랑의 약혼녀를 제물로 바쳐 화난 용들의 마음을 돌려놓을 계략을 세운다. 아버지의 계략을 눈치챈 단야 아가씨는 원덕랑의 약혼녀 대신 스스로 제물이 되기를 선택한다.

야기가, 공동체를 위한 희생자가 존재하던 시대에는 희생자들의 이야기가 전설로 남겨진 법이지."

조연벽의 대답에 시은이는 고개를 갸웃했다.

"그럼 뭐가 진짜인지는 알 수 없겠네요?"

조연벽은 다정하게 웃어 보였다.

"진짜, 가짜가 중요한 게 아니란다. 정말로 중요한 건 전해 내려오는 이야기를 통해 그 시대를 살았던 사람들의 가치관이나 생활 방식을 알 수 있다는 거지."

"그렇구나."

시은이는 조상님의 말에 곰곰이 생각해 보다가 불현듯 이런 궁금증이 올라왔다.

"그럼 전설이나 신화 같은 것도 모두 다 문화유산이라고 할 수 있는 거예요?"

조연벽은 기특하다는 표정으로 시은이를 내려다보았다.

"그렇지. 눈에 보이거나 만질 수 있는 것이 아니라고 해서, 그러니까 형태가 없다는 의미로 **무형 문화재**라고 하지. 무형 문화재에는 이야기뿐 아니라 음식, 음악, 춤 그리고 저런 윷놀이 같은 것도 다 포함이 된단다."

"아, 윷놀이. 우리도 저거 해 봐요!"

조상님의 손짓에 따라 고개를 돌린 시은이는 눈을 번뜩이며 조연벽을 윷놀이 천막 부스로 끌고 갔다.

"히히, 제가 이겼어요!"

윷놀이에서 내리 이긴 시은이가 우쭐하자 조상님이 빙그레 웃었다.

"그래, 말을 한꺼번에 네 개나 업고서 결승점으로 들어오다니, 네 전략이 적절했다. 아까 물길을 두려워할 때는 과연 내 후손이 맞나 싶었는데, 윷놀이할 때의 눈빛을 보니 확실히 내

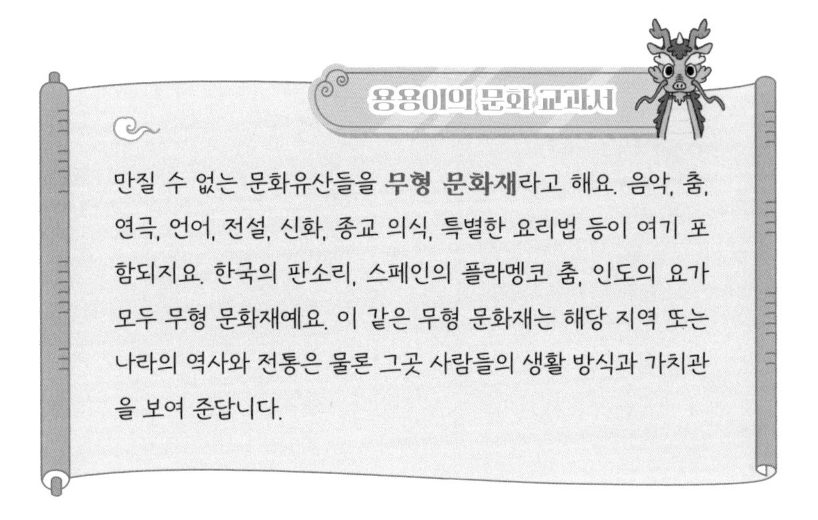

용용이의 문화 교과서

만질 수 없는 문화유산들을 **무형 문화재**라고 해요. 음악, 춤, 연극, 언어, 전설, 신화, 종교 의식, 특별한 요리법 등이 여기 포함되지요. 한국의 판소리, 스페인의 플라멩코 춤, 인도의 요가 모두 무형 문화재예요. 이 같은 무형 문화재는 해당 지역 또는 나라의 역사와 전통은 물론 그곳 사람들의 생활 방식과 가치관을 보여 준답니다.

후손이 맞더구나. 승부욕에 불타는 그 눈빛이라니…….”

시은이는 어쩐지 민망해졌다.

“아, 그게 뭐예요…….”

그때 스태프 조끼를 입은 언니가 둘에게 말을 걸어 왔다.

“두 분, 괜찮으시면 돌탑 수리 복원을 위한 서명에 참여해 주실 수 있을까요? 얼마 전 이 지역에 지진이 나서 돌탑이 무너졌거든요.”

조연벽은 감격스럽다는 투로 중얼거렸다.

“**문화재 복원** 사업을 위한 노력이 참으로 아름답군.”

용용이의 문화 교과서

문화재 복원이란 오래된 건축물이나 예술품 등이 낡아서 손상된 경우, 전문가들이 그것을 다시 원래의 아름다운 상태로 만들어 주는 과정을 가리켜요. 고쳐야 할 부분을 찾고, 예전 모습으로 만들어 줌으로써 사람들이 소중한 것을 계속 감상할 수 있게 도와주는 것이에요. 많은 조사와 시간에 더해 여러 사람의 노력이 필요한 문화재 복원은 결코 쉽지 않지만, 우리 역사와 예술을 보존하고 미래 세대에 전하는 데 큰 역할을 하지요.

스태프 언니가 웃는 얼굴로 조연벽의 말을 받았다.

"오래된 문화재는 계속 보수 관리해 주지 않으면 사라지기 마련이니까요."

시은이는 둘의 대화를 귀 기울여 들었다. 한 번 만들고 끝이 아니라, 계속해서 보수 관리를 해야 한다니 새롭게 알게 된 사실이었다. 조상님은 시은이에게만 들리게끔 귀에 대고 속삭였다.

"현실에 이런 매개체가 존재해야 나처럼 환상계에 머무는 존재가 인간계로 나올 수 있단다. 나와 관계된 문화유산이 존재해야만 하지."

시은이는 고개를 끄덕이며 스태프 언니에게 서명하겠다고 말했다. 스태프 언니는 씩 웃으면서 서명판을 내밀었다. 시은이는 또박또박 자기 이름을 적어 넣었다.

서명 조 시 은

이름을 다 쓰자, 갑자기 주변이 흐릿해지기 시작했다. 드래곤이 서명하라고 강요할 때처럼 이상한 기운이 느껴졌다. 시은이는 등골이 오싹해졌다.

'설마 마법?'

시은이 눈에 투명해지기 시작한 손가락이 들어왔다. 옆을 돌아보자 조상님도 투명해지고 있었다. 게다가 팅커벨이 시은이 앞에서 반짝이며 날고 있었다! 방금 전까지 앞에 서 있던 스태프 언니 대신 말이다.

"서명 고마워!"

도대체 이게 무슨 일이람? 정신을 못 차리는 시은이 대신 조상님이 버럭 화를 냈다.

"이게 무슨 짓이냐!"

팅커벨은 어깨를 으쓱했다.

"저 아이는 드레이크를 고소하되, 환상계 주민이 아닌 만큼 조연벽 장군을 대리인으로 내세운다는 위임장에 사인했을 뿐이에요! 저 아이는 집으로 무사히 돌아갈 테니까 아무 걱정도 할 필요 없어요."

아무래도 시은이를 증인으로 세울 수 없을 듯해, 머리를 쓴 모양이었다. 시은이는 점점 더 흐릿해지는 조상님의 모습에 발을 동동 굴렀다. 아직 작별 인사도 제대로 못했는데……. 정말 이대로 헤어지는 건가?

“조상님!”

시은이의 외침에 조연벽은 다급히 대답했다.

“이미 마법진이 발동되었다! 나는 환상계 재판장으로 바로 빨려 들어가는 모양이다. 후손, 걱정 말고 행복하게 살아가라. 내가 널 항상 지켜보……”

조상님의 목소리가 점점 멀어졌다.

우르르렁 쾅쾅!

‘여긴 어디지? 내가 무얼 하고 있었지?’

천둥 번개 소리에 퍼뜩 정신이 든 시은이는 눈만 깜빡였다.

"시은아!"

뒤돌아보니 엄마가 서 있었다. 엄마는 의아한 표정으로 물었다.

"엄마가 이따가 동주네 집으로 데리러 간다고 했잖아. 왜 벌써 왔어?"

그제야 동주랑 다투다가 집에 가겠다고 나와서 버스를 탄 기억이 떠올랐다. 왜 싸웠더라? 아, 꿀떡!

"엄마, 나 혹시 제사 지내는 친구랑 놀면 안 돼?"

시은이 질문에 엄마는 고개를 갸웃했다.

"제사? 왜 안 되겠니. 친구는 골고루 잘 사귀는 게 좋은데. 나랑 비슷한 친구만 사귀면 사람의 마음도 좁아지는 법이야. 끼리끼리 노는 것보다, 조금 달라도 다양한 친구랑 어울려 노는 게 더 재미있지 않을까?"

동주는 시은이와 달라서 궁금하지만, 또 가끔은 너무 달라서 이해되지 않는 친구였다. 솔직히 짜증 날 때도 있지만, 그래도 친하게 지내고 싶었다. 시은이는 배시시 웃으며 고개를 끄덕였다.

"나도 그렇게 생각해."

엄마는 시은이의 옷을 털어 주며 말했다.

"어휴, 갑자기 웬 천둥 번개에 소나기까지 내린다니? 비에 홀딱 젖었네."

갑자기 쏟아진 소낙비는 어느새 멎었고, 저 멀리 산 너머로 긴 회오리 구름이 보였다. 시은이는 회오리 구름이 떠 있는 하늘을 물끄러미 바라보았다. 시은이 옷의 물기를 다 털어 낸 엄마는 하늘을 올려다보더니 감탄조로 중얼거렸다.

"와, 용오름이다."

시은이는 '용'이라는 단어가 어쩐지 친숙하게 느껴진다고 생각하며 물었다.

"그게 뭐야?"

"응? 뭐가?"

엄마는 시은이의 질문을 한 번에 알아듣지 못했다. 시은이는 다시 한번 또박또박 물었다.

"용오름이 뭐야?"

엄마는 아, 하고 웃음 지었다.

“저런 소용돌이 구름 말이야. 옛사람들은 저걸 보고 용이 하늘로 올라간다고 생각했대. 그렇게 생각하고 보면 정말 용 꼬리처럼 생기지 않았니?”

그런가? 시은이는 갸웃했다. 왜 이렇게 ‘용’이라는 단어에 아쉽고 그리운 마음이 드는지 알 수 없었다. 이때 엄마가 시은이 손에 든 카드를 보고 물었다.

“손에 든 그건 뭐야?”

시은이는 손안에 쥔 카드를 물끄러미 바라보다 대답했다.

“아, 이거? 동주가 나한테 준 선물이야. 엄마, 동주한테 다음에는 우리 집에 놀러 오라고 해도 돼?”

“당연하지.”

비구름이 물러가고 날이 다시 맑아지는 걸 보니, 시은이의 마음도 상쾌해졌다. 집으로 돌아가는 시은이의 발걸음이 가벼웠다.

문화 지킴이관

유네스코 문화 다양성 협약

'유네스코 문화 다양성 협약'은 다양한 나라의 모든 문화가 중요하다는 의미의 국제적인 약속이라네. 2005년 체결된 이 협약의 주요 목표는 모든 나라의 다양한 문화를 보호하는 것이지. 서로가 다른 나라의 음식, 음악, 춤, 언어, 예술 등을 존중함으로써 세계의 다양성을 유지하도록 도와주기 위해서 체결되었다고 볼 수 있네.

문화 다양성이 필요한 이유

각 나라에는 특별한 문화와 유산이 있다는 사실은 모두 잘 알고 있겠지? 예를 들어, 한국에 김치와 한복이 있다면, 프랑스에는 크루아상과 에펠탑이 있다네. 이탈리아에는 피자와 콜로세움, 일본에는 스시(초밥)와 후지산, 그리고 이집트에는 피라미드와 스핑크스가 있지. 유네스코와의 협약 덕에 다른 나라의 멋진 문화유산을 접하고, 우리의 자랑스러운 문화유산도 선보일 수 있게 되었다더군.

유네스코가 선정한 유산들

유네스코는 문화유산을 보호하고 존중하기 위해 '세계 유산'과 '인류 무형 문화유산' 목록을 만들고 있지. 전 세계 사람들이 모두 다 그 가치를 인정하는 이 유산들은 특별한 보호를 받는다네. 먼저 인류 무형 문화유산을 알아볼까?

인류 무형 문화유산은 만질 수 없지만, 우리의 삶과 문화에서 중요한 역할을 하는 것들이라네. 음악, 춤, 전통 의식, 언어, 신화, 요리법 등이 여기에 해당하겠지? 우리나라의 경우, 종묘제례악이 무형 문화재로 지

종묘(영녕전) 종묘제례악 행사(2023. 11. 4.), 종묘제례악보존회

정되었다더군. 이 같은 무형의 문화유산은 세대를 거쳐 전해지며, 그 공동체의 정체성과 전통을 유지하는 데 도움을 준다네.

세계 유산은 건축물, 조각상, 고고학적 유적지와 같이 만질 수 있는 것들을 가리키네. 프랑스의 노트르담 대성당, 중국의 만리장성, 인도의 타지마할 같은 유명한 건축물들을 예로 들 수 있지. 이런 유산들은 수백 수천 년 전의 문화와 기술, 예술을 담고 있어 의미가 깊네.

많은 나라의 문화가 서로 다른데, 서로의 문화를 존중하고 있다는 사실이 정말 멋지지 않은가? 다양한 문화로 서로 배우고, 더 넓은 세상을 이해할 수 있으니 말이야.

유네스코에 등재된
우리나라의 무형 문화유산

작가의 말

어린 시절, 저는 특별한 사람이 되고 싶었어요. 평범한 내가 마음에 들지 않았거든요. 다른 친구들과 다른 특별한 점이 있으면, 매력적일 것만 같았지요. 그러다 어느 날 갑자기, 저는 아주 별난 사람이 되었어요. 내내 고향인 시골 마을에 살다가 서울로 이사를 왔는데, 제가 입만 열면 사람들이 킥킥 웃더라고요. 어떤 사람들은 귀를 쫑긋거리고, 또 어떤 사람들은 아예 내 말을 이해하지 못했어요. 사람들이 고개를 갸웃거릴 때마다 저는 당황스러워 어쩔 줄 몰랐지요. 부끄러워 얼굴이 발갛게 달아오르기도 했고요.

네, 맞아요. 저는 사투리가 심하답니다. 서울에 오기 전만 해도 사투리란 '핵교, 뚜뿌, 국시' 같은 단어를 쓰는 거라는 인식이 있었기 때문에 '그런 단어를 쓰지 않는데, 왜 나한테 사투리를 쓴다고 하는 거지?' 생각했던 적도 있죠. 이제는 단어가 아니라, 억양이 사투리라는 걸 알지만요. 어쨌든 어투가 특별한 사람이 되고부터는 이런 고민도 했답니다.

'남과 다른 건 매력인가, 혐오의 대상인가? 나는 왜 사투리를 쓰지?'

간혹 '서울에서 태어났다면 내 말투가 어떻게 달랐을까' 궁금하기도 해요. 그렇지만 이미 시골에서 태어나 버린 걸 뭐 어쩌겠어요. 제 의지로 시골에서 태어난 것은 아니지만요.

우리는 민족이나 인종 혹은 속한 집단을 고를 수 없어요. 이로 인해 문화적 차이가 발생하는 것은 아주 자연스러운 일이지요. 똑같은 한국인들도 가족끼리 문화가 다른 경우가 종종 있잖아요. 문화적 차이로 인해 때로는 서로 오해하기도 하지만, 마음을 열면 재미있는 일도 많지요?

문화의 다양성도 사람들을 바라볼 때와 크게 다르지 않아요. 나에게 익숙한 문화를 강요하지 않고 다른 사람을 이해하려고 애쓸 때처럼 노력하면 다른

문화를 이해하는 일도 그렇게 어렵지 않을 거예요. 그나저나 다행히도 저에게는 표준어를 쓰라고 강요하는 사람이 없었네요. 이해할 수 없는 건 고향 친구들은 저더러 서울 사투리를 쓴다고 하고, 서울 사람들은 저에게 여전히 사투리를 쓴다고 말한다는 거예요. 도대체 어떻게 된 일일까요?

김일옥

매일 먹는 음식, 입는 옷, 듣는 음악, 그리고 놀이까지 모든 것이 문화예요. 우리 주변의 아주 평범해 보이는 것들도 오랜 시간 동안 조금씩 변화하고 발전해 왔거든요. 이 책을 통해 우리의 소중한 문화유산을 이해하고, 그 안에 담긴 조상들의 지혜와 창의력을 발견했기를 바랍니다.

서민재

이 책은 우리 삶의 중요한 부분인 문화에 대해 이야기하고 있어요. 옛날과 오늘날의 문화가 어떻게 다르고, 또 어떤 점에서 연결되어 있는지 용용이와 함께 즐겁게 탐험했기를 바랍니다.

심재근

'문화'라는 보물이 가득 담긴 이 책을 읽음으로써 문화적 차이를 존중하는 마음을 키우고, 다른 나라 친구들과 즐겁게 소통할 수 있는 따뜻한 마음까지 자라나면 좋겠습니다. 우리는 모두 서로 다른 문화 속에서 자라났지만, 결국 '지구'라는 하나의 커다란 세계 속에서 같이 살아가는 이웃이니까요.

황경원

신비한 지식 박물관 -문화-

초판 1쇄 인쇄 2025년 2월 14일
초판 1쇄 발행 2025년 2월 26일

글 김일옥 · 지식나무교사모임(서민재 · 심재근 · 황경원)
그림 불곰
펴낸이 이범상
펴낸곳 (주)비전비엔피 · 그린애플

책임편집 신은정 | **디자인** 김혜림
마케팅 이성호 이병준 문세희 이유빈
관리 이다정
인쇄 새한문화사

주소 우) 04034 서울특별시 마포구 잔다리로7길 12 (서교동)
전화 02) 338-2411 | **팩스** 02) 338-2413
홈페이지 www.visionbp.co.kr
인스타그램 https://www.instagram.com/greenapple_vision
포스트 post.naver.com/visioncorea
이메일 gapple@visionbp.co.kr

등록번호 제2021-000029호

ISBN 979-11-92527-77-2 (74300)
979-11-92527-27-7 (세트)

· 책값은 뒤표지에 있습니다.
· 잘못된 책은 구입하신 서점에서 바꿔드립니다.
· KC마크는 이 제품이 공통안전기준에 적합하였음을 의미합니다.